好老师应对课堂挑战的25个方法

REAL TEACHERS,
REAL CHALLENGES,
REAL SOLUTIONS

【美】伊丽莎白·布鲁瑞克斯　著
Elizabeth Breaux
安奈特·L.布鲁肖
Annette L. Breaux

中国青年出版社
CHINA YOUTH PRESS
中青文传媒

图书在版编目（CIP）数据

好老师应对课堂挑战的25个方法 /（美）布鲁肖，（美）布鲁瑞克斯著；田丽，沈冰洁译.
—北京：中国青年出版社，2011.5
ISBN 978-7-5006-9937-8
Ⅰ. 好… Ⅱ. ①布… ②布… ③田… ④沈… Ⅲ. 课堂教学—教学法 Ⅳ. G424.21
中国版本图书馆CIP数据核字（2011）第080728号

REAL TEACHERS, REAL CHALLENGES, REAL SOLUTIONS：25 ways to handle the challenges of the classroom effectively By Annette L. Breaux and Elizabeth Breaux.

好老师应对课堂挑战的25个方法

作　　者：〔美〕安奈特 · L. 布鲁肖　伊丽莎白 · 布鲁瑞克斯
译　　者：田　丽　沈冰洁
责任编辑：周　红
美术编辑：夏　蕊
出　　版：中国青年出版社
发　　行：北京中青文文化传媒有限公司
电　　话：010-65511270/65516873
公司网址：www.cyb.com.cn
购书网址：zqwts.tmall.com　www.diyijie.com
印　　刷：三河市文通印刷包装有限公司
版　　次：2013年3月第2版
印　　次：2017年1月第4次印刷
开　　本：787 × 1092　1/16
字　　数：60千字
印　　张：9
京权图字：01-2011-2287
书　　号：ISBN 978-7-5006-9937-8
定　　价：25.00元

目录

学生篇

老师篇

学校篇

前言

为什么要写这本书

撰写本书的初衷有两个:第一,提高课堂教与学的质量;第二，帮助老师应对课堂遇到的挑战。每一所学校，每一间教室，每一位老师和学生都会遇到这些挑战，与其与挑战不断抗争，不如尽快找到促进改善的方案。

通过阅读本书，你会读到真实的老师、真实的挑战以及真实的解决方案。你会发现我们的建议和讨论内容不是昙花一现的时尚潮流或改革创新，也不是教育学界里最流行的什么新名词。无论你在哪所学校任教，无论教的是什么样的学生或什么学科，本书中提到的基本教学原则都适用。

作为教师，我们都有共同的心愿：在我们的引导下，让我们的学生成长、改变。我们愿尽绵薄之力帮助你成为最优秀的老师。切记要对学生负责，他们是我们的未来。

学生——一切为了学生！

如果你能从本书中获益，很快，你的课堂就会有所改变，你的学生也开始受益！让我们一起来见证本书对于课堂的影响吧！

安奈特·L.布鲁肖

伊丽莎白·布鲁瑞克斯

引言

如何使用本书

如果我只能教给学生一件事
我愿教会每位学生勇于提问
因为带着对一切事物的好奇，他们就学会了自我探索
当一个人自己发现得越多，理解得也就越深
作为一名老师，我愿点亮学生的内心
这样我才能真正触碰到他们的世界——影响永不停止

安奈特 · L.布鲁肖

教师的信念

◆ 每个学生都非常清楚地了解自己，哪些能做到，哪些做不到。

◆ 教师的职责在于唤醒和激发学生深藏的潜能。

◆ 真正有效的教育在于两方面：一是能达到预期的结果；二是要运用对老师和学生都有效的教学方法。这些因素对学生的成长至关重要——无论是在学业还是在社交方面。

◆ 每位学生都享有获得优质教育的权利。

◆ 学生在学校接受教育的质量，取决于教师的素质。

◆ 老师能够，也应该深入学生的生活。

◆ 每个学生都是上帝赐予人间的唯一的、独特的可教之材。

教师遇到的课堂挑战

我们从全国范围内收集到老师课堂的资料，加上上课的亲身体验，整理出课堂上最常见的问题，并总结出应对这些问题有效、切实可行的解决方案。

如何阅读本书

本书向你提供了许多典型的课堂场景，随后是处理这些课堂问题的正例和反例。你可以选择从头读到尾，或者直接挑选你关心的课堂问题来阅读。

无论你选择如何阅读本书，都会在本书中找到自己和其他老师的影子。因为本书中所给出的课堂场景都来自于真实的课堂，是同你和我一样的一线教师的真实教学经历。

在阅读过程中，当你发现一些老师的做法自己也曾有过，一定禁不住开怀大笑！是呀，只有我们学会对自己所犯的错误自嘲地笑一笑，才更有可能帮助我们成长。同样，只有当我们学会面对错误真诚地笑一笑，别人才能原谅我们！没有学会自嘲的老师，一定是位糟糕的老师，教着一群糟糕的学生。

本书正是为你量身打造

◆ 假如你正努力为常见的课堂问题寻找简单易行的解决办法；

◆ 假如你已经可以自由驾驭课堂，却仍然希望提高；

◆ 假如你致力于成为学生喜爱的老师；

◆ 假如你相信应该用教师的职业素养和尊严去对待学生；

◆ 假如你面对日常遇到的课堂问题而手足无措；

◆ 假如你是位敬业、专心的老师，希望能深入学生生活，对学生产生积极影响。

那么，这本书正是为你量身打造的。请开始仔细阅读吧！

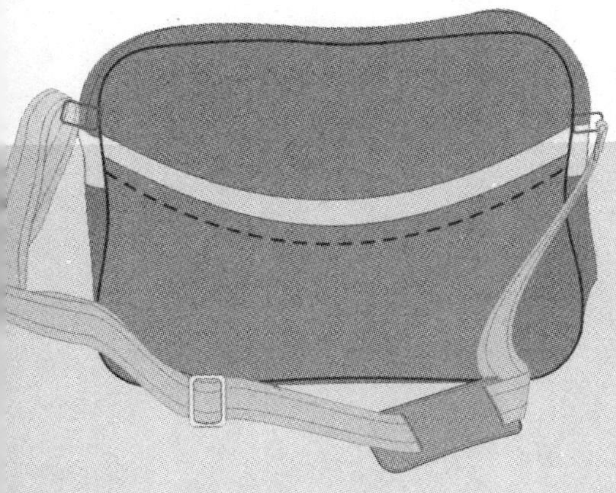

学生篇

一个孩子缓缓向我走来
像一只疲惫不堪、满身污浊的白鸽
漫无目的地挥动着翅膀
好像对周围所有人和事都怀有敌意
又好像对什么都不在乎
遭人拒绝，受人嘲笑，被人误解
他受了伤，等待有人来抚慰
我必须先走近他，让他信任
然后才能帮助他，让他重新飞上湛蓝的天空

伊丽莎白·布鲁瑞克斯

课堂挑战一
让学生按照你的想法做

请相信：如果清晰地告诉学生你希望他们怎么做，向他们展示具体该怎么做，亲自和他们一起做，当他们做到时，赞赏他们，他们做到的可能性会增加百倍！

课堂场景

一群学生走进老师甲的教室。在老师甲的课堂上，学生不停地讲话，老师甲显得很不耐烦。学生越是说，老师就越不耐烦。课间休息时，教室里已经是人声鼎沸了，老师甲无法压抑心中的怒火。第二节课时，几位学生的大名已经赫然出现在黑板上。这几位学生马上站起来申辩到，别人比他们说得还多，为什么不记他们的名字。其中一位学生还被老师叫到办公室，原因是不认真完成课堂作业。老师甲开始批评学生们。课堂内容的讲解时常被老师的“警告”所打断。她还会时不时地叫起一些正在说话的学生回答问题，这些学生自然回答得文不对题，免不了又被老师训斥一番。一个学生站起来说要上厕所，老师让她去了。随后，又有学生站起来要去，老师生气了，“一个去就扎堆跟着去，老实坐着不许去！”一个男孩站起来走到放置转笔刀的桌子旁，开始削铅笔，两个学生也赶忙跟了上去。很快，他们三个就开始了一场有趣的谈话。老师警告他们削完铅笔赶快回到座位。他们三个刚坐好，两个学生突然觉得一边削铅笔，一边说话是个不错的主意，于是他们也纷纷离开座位。好了，现在你一定能猜到老师甲的班上是个什么样子。现在让我们再去老师乙的课堂上看看……

下课铃响了，学生们吵吵嚷嚷地离开了老师甲的教室。还是这些学生，一踏进老师乙的教室时，神奇的事情突然发生了！是的，相当神奇。没有其他形容词更恰当了。学生们走进教室时，老师乙已经站在门口欢迎他们了，学生们也很有礼貌地向老师打招呼。每个学生进入教室后，都立即坐好，开始做老师在黑板上布置的课前准备练习。老师走进教室，脸上挂着微笑，举起手示意学生们要保持安静。所有的学生都用实际行动回应了老师的手势，他们都非常安静地看着老师。老师首先表扬了学生们出色的表现，接着告诉他们再给一分钟时间完成课前准备练习。（利用这一分钟，老师开始快速核对出勤。）学生们都认真地完成了练习，并就问题展开了积极热烈的讨论。课前准备练习是课堂教学内容的导入，老师对课程的认真准备和投入感染着学生。教学内容顺利展开，学生们都积极地参与课堂活动。几乎所有学生课上的行为都遵循秩序和章法——哪些手势表示让学生安静，哪些表示让学生集中注意听讲，如何向老师提出需要削铅笔，如何开始与同学展开合作，何种情况下才能离开或进入教室，如何提交作业等等。看起来一切学生的表现都遵循着一定的章法！在老师甲课堂上表现异常混乱的一群学生，居然神奇般地变得乖巧、勤奋好学。在老师乙的课堂上，没有抱怨、没有警告，更没有跟老师的顶嘴。学习的过程进行地如此顺利！老师和学生都在这良好的学习气氛中享受着快乐和成功！

正例

显然，老师乙是有效的课堂管理者。让我们一起来分析一下，不难发现这位老师有套明确、严密、适合这些学生的课堂管理安排。这一安排经过多次课堂实践，不断被强化，并成为一种“课堂惯例”。学生们知道该做什么，并按照要求去做。实际上，他们做得出人意料地好，教室里学生们杂乱的窃窃私语变成教堂里传出的和谐唱诗。仔细分析，你会发现课堂秩序的建立是关键。学生们需要秩序。一旦合适的课堂秩序得以建立，就几乎不会再出现纪律问题。而建立课堂秩序，需要老师事先制定，再在课堂上与学生一起实践这些规定——一遍又一遍地实践——在必要时还要进行强调。如果有学生忘记了这些规定，不必“惩罚”他，你只需要再一次地重复实践正确的做法就可以了。很快，学生们就会厌烦这种一遍又一遍的反复，会遵循你的课堂要求，避免你再次重复。学生们就像被施了魔法一样听话。但是，请记住，课堂规范一旦宣布，执行就一定要前后一致。所谓秩序就是保持一致地执行规定。不能制定了规定，而后又把它们抛之脑后。课堂规范一旦建立，就要有效执行。每一天，每一刻都必须遵照执行。

反例

毫无疑问，老师甲对课堂的控制力很差。但是必须承认，作为教师的我们都曾犯过类似的错误。我们“期望”学生们自己“知道”该做什么，如何去做。可大部分时间里，学生却偏偏不按照我们“期望”的去做，于是我们感觉很挫败、愤慨。我们开始生气，可情况并没有改观，结果我们更加生气。于是我们开始想尽办法，惩罚、威胁、请求甚至恳求他们。可这样做收效甚微，我们眼睁睁地看着他们捣乱却无能为力。我们开始叹气，咆哮，所有这些无奈的举动只会让我们失去教师的职业素养，却从没起到任何效果。如果这样做有效果，我们就不会总生气了。如果你还按照老师甲的方法上课，估计现在你的气还没消呢！因为如果你不制定课堂规范，学生就会自行设置。但是，请记住，这些课堂规范是由老师设定，前后一致地执行的做事方法，可不是什么一时兴起的创意。

小结

假如在没有明确说明的情况下，如何让学生按照我们的想法去做呢？你需要向他们展示具体该怎么做，然后亲自和他们一起实践，并将实践反复进行，在必要时还要强调。学生需要你来指明方向，他们可不会读心术！同时，我们也要学会感激，因为如果他们能够猜透我们的想法，他们就不会如此地喜爱我们！

课堂挑战二
管理课堂上学生的讲话问题

你认为在沉默中，能教会学生使用一门语言，并且运用恰当，深入思考，解决问题吗？

课堂场景

丹尼斯老师说，“我能完全控制课堂。只有当我提问时，学生才能张口。经过我的教室，你只会听到我说话的声音，没有一点吵闹声。我的学生都知道我喜欢安静。”他说的一点儿没错。走进他的教室，迎接学生们的是丹尼斯老师阴沉的脸。丹尼斯老师是个身材高大话却不多的人。他教室的安静是出了名的。丹尼斯老师也是全校最令人畏惧的老师。每天，他都用低沉却令人敬畏的嗓音，简单地讲解授课内容。接着，学生们就开始“忙着”完成作业，写段落，读老师给他们作业本上留下的大大的红字评价。课堂上，没有学生积极地参与，没有学生说话，也没有合作学习，没有任何声响！一切都按照丹尼斯老师喜欢的方式进行。

据校长反映，丹尼斯班上从来都没有捣乱的学生，因为他的班上从未出现过纪律问题。实际上，他是把学生“吓”得不敢说话而已。令人感到奇怪的是，在学期末，无论是学校的期末英语测试还是学区的目标参照考试，丹尼斯老师的学生考得总是不理想。丹尼斯老师每年都会有理由辩解：“现在的学生根本就不在乎学习。他们的父母也不上心。如果在我的课堂上他们学不好英语，到别处也一样。但无论如何，我会加大练习的力度，不管他们喜欢不喜欢。”

正例

读完丹尼斯老师的课堂故事后，你可能想一下子跳到“反例”部分，因为作为课堂控制力强的老师，你知道丹尼斯老师是典型的“反例”。但是，请你耐心看完这部分。首先，试想想：如果你在学习一门语言，有可能不出声音就把它学好吗？——当然不行！在控制有力的课堂上，无论你教的是什么学科，除非你是在训练间谍，让他们在受摧残时还要保持沉默，否则一言不发是不正常的。让我们先来分清楚“聊天说话”和“讨论问题说话”之间的区别。当老师对课堂缺乏控制力时，学生聊天说话的声音自然不绝于耳。这种聊天自然是没有任何秩序而言了。学生们起劲地聊着与教学内容毫无关系的话题。此起彼伏的说话声，时常被老师的请求、恳求、警告所打断。这种说话自然是课堂上不和谐的音符。那什么样的说话是值得鼓励的呢？在控制有效的课堂上，实际上学生说得很多。他们或者参与与老师的讨论，或者相互之间展开交流。除了学生需要独立完成测试或者课堂任务外，课堂上几乎就没有安静的时候。小组式的合作式学习是老师经常采用的教学模式。这样的课堂会令学生感到“兴奋”。显然，在令人感到兴奋的地方，很难让人安静下来。当然，在令人感到兴奋无比的教室里，也要注意控制学生说话的音量，不要让学生分心。还是那句话，课堂规范是关键。

反例

以下两种情况都不可取：一，安静的死气沉沉的课堂；二，学生们肆意聊天说话，乱成一团的课堂。丹尼斯老师的课堂，属于典型的“死气沉沉的课堂”。这种环境下，看似局面是被老师控制着，而实际上有效的学习并没有展开。很难想象，丹尼斯老师期望在学生不张嘴的情况下学好英语。在学生乱说话的嘈杂教室里，老师常常生气地阻止学生讲话，而无法有效地组织教学。老师的气愤也常常被学生无休止的说话所淹没。

小结

安静得死气沉沉的课堂已经一去不返了。它们也应该在学校里消失！在课堂上，沉默不是金。如果老师只是在课堂上能看到学生，却听不到他们发出的声音，学生也就无法在课堂上展开学习。在有效的课堂中，学生们一起讨论，深入思考，合作完成学习任务，这样的教室不应该是鸦雀无声的。走进这样的教室，你能看到学生脸上洋溢的兴奋，能听到发自学生内心的喜悦。用一首小诗来表达：

当孩子被倾听，沉默不再是金
他们的每句话、每个词里都透着兴奋
如孩童般，他们问这问那，寻找答案，发现新事物
每当孩子们身上发出新的声音，都令我高兴不已
教育孩子，需要触碰他们的心灵

安奈特·L.布鲁肖

课堂挑战三
学生上课“走神”，你该怎么办

事实一：学生们时常会精神不集中，被称为“课上走神”

事实二：学生越是集中注意听讲，他们取得的成绩就越好

事实三：有效和无效的管理方法对待上课走神效果很不一样

事实四：有效的管理方法很奏效，无效的则不行

课堂场景

这是开学后，普通的一天，普通的一间教室里，学生们开始了各种不注意听讲的行为。有的开始走神做白日梦，有的和周围同学说话，有的互相传纸条，以及出现其他各种理由引起的分散注意力的行为。让我们走进季老师（积极主动的老师）和肖老师（消极被动的老师）的教室看看。现在是开学第一周，两位老师教的是相同的班级，都要面对学生不注意听讲的情况。其中一位老师能有效管理，并将“走神”现象提前扼杀。而另一位老师面对同样挑战，却显得力不从心，只能

看着学生的各种表现不断升级，最后发展到无法控制的局面。好吧，让我们先一起走进季老师的教室。

正例

教室里，季老师正在组织课堂讨论。突然，她发现蒂莫西的思想早已飞到教室外了。季老师不动声色地继续着讨论，步子却向蒂莫西的方向走去。她的语调听不出任何变化，讨论也在进行，只是离蒂莫西越来越近。靠近蒂莫西的桌子后，她站住了，继续着课堂讨论。蒂莫西一下子从白日梦中惊醒，回到教室，回到课堂讨论的话题。讨论在继续，季老师又发现苏珊正在叫娜塔莎，让她帮着传张纸条。这时，季老师突然停下说，“苏珊！”苏珊一惊，心想这下可完了，恨不得挖个地洞钻进去。季老师却和颜悦色地对她说，“下课后记得找我一下，有些事情要跟你说。我怕自己会忘了，所以记得提醒我。”苏珊点点头，如释重负。她赶快把纸条收起来。是不是真的完蛋了，她也说不清，不过她必须要注意听讲了。其实，季老师也没想好下课要对苏珊说什么，但这样做可以让她的思维重新回到课堂内容上。你也不必担心，季老师毕竟是老师，她总会想起点什么对苏珊说的。

课堂讨论结束后,季老师给学生布置了15分钟的写作练习。同学们都开始了，只有弗莱德坐在那里发呆，眼睛望着窗外。季老师走到弗莱德面前，悄悄地说，“做完练习后告诉我，我有事想请你帮忙。”弗莱德非常想帮上老师的忙（几乎所有的学生都愿意），于是他立刻开始做练习。很快，弗莱德就完成了练习，他骄傲地向季老师展示了他的作业。接着，季老师让弗莱德把教室后面的小桌子搬到前面，他非常高兴地去了。

不一会儿，下课铃响了。学生们纷纷离开季老师的教室，走进隔壁肖老师的教室。相同的学生，同样的挑战，结果却截然不同。我们来看看另一种结果吧！

反例

上课了，肖老师正和同学们展开讨论。因为上节课，蒂莫西的白日梦只做了一半，于是他在肖老师的课上继续做着美梦。肖老师注意到蒂莫西正在发呆，她停下了讨论，盯着蒂莫西看。教室里一下子安静下来，蒂莫西被突然的安静吓醒了，看到肖老师直勾勾的眼神，脸上一阵发热。肖老师接着用讽刺的口吻说，“蒂莫西，你终于回过神来了！”蒂莫西感到自尊心受到极大的伤害，坚持自己没有走神。为了证明自己的判断是对的，肖老师开始向蒂莫西提问刚才的讨论内容。蒂莫西当然说不出正确答案，这使他恼羞成怒，一团怒火涌上心头。他暗下决心要“报复”。也许是今天，也许是以后，他要让肖老师尝尝在众人面前丢丑所付出的代价……接下来的时间里，蒂莫西一直撅着嘴，毫不理会课堂上老师讲的内容。讨论在继续，苏珊想起要给娜塔莎传张纸条，她使劲晃动手中的纸条，希望娜塔莎能看到。肖老师径直走向苏珊，从她手中夺过纸条。这一次，苏珊也恼羞成怒了，心里气鼓鼓的，她决定下课后找蒂莫西谈谈，互相慰藉一下受伤的心灵，再商量一下如何配合“报复”肖老师。毫无疑问，后半节课，苏珊什么也没听进去。

随后，学生们开始完成老师布置的课堂任务。弗莱德像往常一样，无所事事。肖老师警告他，如果不想放学后留下，最好抓紧时间做。弗莱德还是没有行动。肖老师又一次警告他，弗莱德说他不知道该做什么。肖老师便开始威胁他。很快，弗莱德就因为不听话而被叫到老师办公室。苏珊看到后，决定把弗莱德也加入到“报复”肖老师的名单里。他们的力量似乎越来越壮大！

小结

学生上课不听讲的现象是非常常见的，这很正常，也很难避免。因此，作为老师，你可以选择不同的方法教育学生。你可以用“积极”的或者“消极”的方法。如果你采取积极的措施，在学生出现的问题还未升级前，就能将它们扼杀掉，那么你的方法就是有效的。如果只是意气用事，凭自己心情处理学生上课分心的状况，之后，学生该怎样还怎样，那么显然，你的方法效果不佳。

季老师处理课堂问题的方法就很有效。三个不听讲的学生都回到了课堂内容上。同时，她维护了他们的尊严。她在同学中建立了非常好的初步印象，因为她知道该如何让偶尔走神儿的学生回到课堂来。因此，她的学生一定能不断取得进步，这也将是一个美好而收获颇丰的新学期。

肖老师处理课堂问题的方法显然效果不好。三个不听讲的学生没有能认真听讲。她的行为伤害了学生的自尊心，激起了学生的报复心理。而这仅仅是开学第一周，学生已经开始和她势不两立。学生们下决心要在接下来的15周里取得全面胜利，给老师来个下马威！

课堂挑战四
让学生掌握所学

我还没有完全明白，老师已经开始讲新的内容了

她说她课上时间紧张，无法让所有的同学都掌握

她继续讲解，我却无所适从；老师似乎把我留在了漫无边际的空气中

老师不相信我一定能理解

她不会知道，如果她全身心投入地教我

如果她能在我不懂时，拉我一把，而不是放任不管，我能走很远

我想可能我自己也不曾知道自己的潜力，但是我知道现在还不晚

一位新老师的到来改变了这一切

她告诉我我一定能做到；我们一起努力，直到我完全掌握

她和蔼可亲，又坚定执著。她信任我。那么，你呢

安奈特·L.布鲁肖

课堂场景

老师甲：“下节课该讲除法了，班上有些学生乘法还没理解！但是也不能再等他们了，下节课必须讲除法了。”

老师乙：“学生还没掌握，你怎么能接着讲呢？”

老师甲：“可我总得完成教学任务呀，你看，我已经比计划的教学进度落后了。如果再不往前赶，可能就讲不完了。”

老师乙：“可是你即使接着讲，学生们也同样无法理解除法。他们就更跟不上了。”

老师甲：“那是他们的问题。也许他们应该更加努力，就能掌握了。事实是，他们不明白并不是我的错。顺便问一句，你跟我教的一样，你讲到除法了吗？”

老师乙：“是的，我们正在讲除法。”

老师甲：“针对那些还没掌握乘法的学生，你是怎么做的？”

老师乙：“他们全都掌握了。如果没有，我是不会继续讲的。”

老师甲：“你好像每次都能幸运地碰到理解能力好的学生。可我就惨了，我总赶上差学生。”

正例

仔细观察以上两位老师的课堂，你会发现其实两个班学生的理解能力并无本质差异。但是，他们所取得的学业成绩却大相径庭。深入观察，不难发现主要区别在于两位老师的教学方法！感到惊奇吗？为了让你明白什么是正确的教法，我们先走进老师乙的课堂。在老师乙的课上，我们看到这样一个课堂：

- 老师的讲解充满热情。
- 学生们积极踊跃。
- 老师相信所有的学生都能且一定能学会。
- 以学生为中心，课堂气氛活跃。
- 学生们经常性地、有秩序地发言。
- 老师指导那些理解错误，或不理解的同学。
- 老师鼓励那些已经理解的同学进行更深入的思考。
- 课堂井然有序。
- 备课充分。
- 高效的课堂管理。
- 课堂气氛愉快轻松，学生积极踊跃，老师讲解引人入胜。
- 学生们快乐而积极向上。

反例

估计你已经猜到老师甲的课堂是个什么样子了。走进老师甲的教室，眼前的情景与你想象的是一模一样——与刚才看到老师乙的课堂完全相反，在这里你只能感到一种折磨：

- 老师上课缺乏热情。
- 学生们不积极参与。
- 老师认为总有部分学生学不会。
- 以老师为中心，课堂气氛枯燥无味。

- 学生不停地讲话，大多与课堂内容无关。
- 对于不明白的学生，老师没有耐心地指导。
- 对那些已经理解的学生，也没有进一步的启发。
- 课堂秩序混乱。
- 备课不充分。
- 缺乏有效的课堂管理。
- 课堂气氛死气沉沉，学生们各行其是，老师的讲解乏味无趣。
- 学生们消极，灰心丧气。

小结

最终我们得出结论：无论什么样的学生，只要碰到方法得当、管理有效的老师，都能取得成功。好的老师能想尽办法帮助学生理解所学知识。关于这一点，他们从不妥协。你会发现，是老师让课堂变得不同，就像外科医生会让手术变得不同，机械师让引擎的运转不同，建筑师设计出不同的楼宇结构，厨师做出味道不同的饭菜！厨艺高超的厨师能把一瓶肉罐头迅速变成美味，而技术拙劣的厨师会把3英尺鲜嫩的里脊肉，瞬间变得连小狗都不愿意品尝。按照上文提到的正例去做，全心全意为学生着想，立即改变你的课堂。按照老师乙的做法，现在就开始行动吧，不要让学生再等待了！

课堂挑战五
如何对待“捣乱”学生

在歇斯底里的喊叫声中，我们失去了……
你冲我大声喊叫，我对你也大声喊叫
除此之外，我们还能做什么
我们互相彼此怒吼，直到嗓子干哑
气氛越来越紧张
最终，我们都精疲力竭，疲惫不堪
只剩下尴尬、沮丧，各自的尊严已无力挽回
仔细想想我们之间的矛盾，无非是你想让我们做“正确”的事
你总督促我们把所有的事情都做好，难道没发现我们之间缺少了信任和尊重
其实我们也在聆听你的教导，也许只是做对了一些
下一次交流时，我们都应该认真听听对方的倾诉
如果真的能这样，我们就能找回在喊叫声中失去的

安奈特·L.布鲁肖

课堂场景

今天是开学第一天，阿尔伯特·威尔森走进教室。阿尔伯特已经16岁了，现在上七年级。他心里面盘算着：要让老师们知道他可不是好惹的！他打算退学不读了，对未来也没什么打算，只是想着怎么消磨时光。老师们都拿他没办法，也只能任其发展。对老师们来说，期望他有所改变简直就是痴心妄想。如果哪位老师忘记了这一点，阿尔伯特就会想尽办法提醒他。

可是，当阿尔伯特遇到数学老师戴安·亚当斯时，他吃了一惊。阿尔伯特并不知道，对教育像“阿尔伯特·威尔森”这样的“坏”学生，戴安老师有多年实践经验。当阿尔伯特想给她来个下马威时，戴安老师已经知道该怎么做了。

戴安老师正在教室里来回走动，帮助学生解答问题。当走到阿尔伯特的桌子旁，发现他两手握紧一枝铅笔，正直直地盯着她，眼神里充满了挑衅。正当戴安老师再靠近时，阿尔伯特突然把铅笔高举，生气地将它折断成两截。

正例

作为一名经验丰富的教师，戴安老师已经习惯于面对这种突发情况。因为需要时间想出“应对办法”，于是凭直觉一转身，平静地走开了。

尽管阿尔伯特·威尔森表现粗鲁，戴安老师仍然表现得很镇定。

她径直走到自己的装文具的盒子旁，从里面挑了一枝用得很旧的铅笔头，转身递给阿尔伯特。她告诉阿尔伯特，首先，她对他的沮丧心情表示理解。但是在将来，如果他还想用折断铅笔的方式来发泄情绪，请事先告知，她会给他一些使用过的旧铅笔，而留下那些新的给他或其他学生今后使用。

这种方法很奏效，戴安老师很快成了阿尔伯特心中的榜样。面对刚才紧张的气氛，如果不控制自己的情绪，就会很快失去判断力，从而失去正确处理局势的机会，争吵很快就会爆发。幸运地是，戴安老师控制住了自己的情绪。

在刚才的紧张情形下，戴安老师看到的是阿尔伯特将来的前途，而不是自己一时“占上风”。而大多数人可能面对那种情况时，都会情绪失控，暴怒起来。戴安老师不仅用自己的智慧化解了一场一触即发的冲突，她的举动还改变了阿尔伯特未来的命运。阿尔伯特没有退学。他完成了初中的课程，顺利升入高中。在接下来的学年里，他被戴安老师的教学水平和个人魅力所折服。除了偶尔因为努力写作业把铅笔头折断之外，他再也没有折断过任何一枝铅笔。

反例

在一触即发的紧张对峙中，能做到有效地处理，需要老师的经验和正确态度。戴安老师无疑具备了在激烈冲突中控制自己行为的能力。

如果她当时不克制自己，让情绪冲昏大脑，失去判断，最终，阿尔伯特会成为自己行为的受害者，同时也伤害到戴安老师。

当然，戴安老师也可以选择像阿尔伯特那样以暴制暴，甚至可以火上浇油。这样的做法正是阿尔伯特期待的，好让他找个机会发泄自己的坏情绪。她也可以对着阿尔伯特大喊、甚至咆哮，指出他对自己的不尊和粗鲁。毫无疑问，阿尔伯特也是这么做的。她还可以命令他离开教室，去老师办公室，或者其他任何让事情变得更糟的办法。

小结

◆ 表现出粗鲁和不敬只需要一个人就可以，但将它升级为冲突和对峙则需要两个人。

◆ 真正好的老师是不会把学生对自己的不尊重升级为冲突的，相反，他会想办法化解它。

◆ 有经验的老师不会把学生表现出的不尊重看作是针对自己。他们知道这正是学生受挫后的表现。他们会通过与学生的沟通发现问题的所在，用教师专业的方法来处理。

◆ 一旦学生意识到你其实是和他站在一起的，不会放弃他，他就会停止对你的粗鲁行为。

◆ 只要方法得当，再“铁石的心肠”也会被感化！好老师都明白这一点，而且运用得当，为了自己，同时也是为了学生。

◆ 只要处理得当，即将发生的激烈冲突，将变成双赢的局面，没有任何一个会变成受害者。是不是听起来言过其实了……把每一次即将发生冲突的情况都化解为促进学生成长的经历，保持你的尊严，控制好情绪，记住你是位专业的教师。

◆ 请记住：无论是应对学生何种的不敬与粗鲁，无论对待何种学生，“正确的方法就是一切”！

课堂挑战六
让学生按时完成作业

我又没有完成作业，这次老师真的生气了
不是因为我没完成作业，而是因为我说了谎话
事情开始于我把书本落在书桌里的那一刻
妈妈问我为什么没带书本回家，我撒了谎，将错归咎于同学
我告诉妈妈说同学不小心将我的书拿回了家
不过没关系，因为老师没留作业
现在，在老师的逼问下，谎言又一次冒了出来
一个谎言需要两个甚至更多谎言来圆，我努力却无法挽回
“妈妈生病住院了，爸爸要工作到很晚，我必须得照看妹妹”
老师今天早上碰见了我的妈妈，如山的铁证面前，我再难狡辩
她告诉我妈妈身体好得很，爸爸这些天也一直没上班
小朋友也没有拿错书，因为昨天回家时我的书正安安静静的躺在课桌里

伊丽莎白·布鲁瑞克斯

课堂场景

今天，玛丽又没有带作业，这已经不是第一次了。和其他许多学生一样，她本应有时间和精力完成作业，却偏偏不做，告诉老师没带。虽然她的家庭琐事多是事实，但是这不能成为她不交作业的理由。看来哈里斯先生必须要采取点措施了。他尝试了很多方法，比如布置一些有趣的家庭作业。基于学生学习主要在于课堂的想法，哈里斯先生也没有给学生过多的课余负担，仅仅是为了巩固所学的知识偶尔留些作业，希望同学们能按时完成。因为大多数学生都能按要求交作业，他觉得不完成作业实属个别现象，应该进行个别教育。

哈里斯先生决定运用自己所学过的心理学知识找玛丽谈谈。大多数老师都认为所有的学生，不论年龄大小，能力高低，出于何种动机，都喜欢帮老师办事，听老师差遣。哈里斯先生也不例外，他决定在玛丽身上学以致用，我们来看看他是怎么做的。

哈里斯先生走向玛丽，跟她说，“玛丽，我知道你没交作业自己也很沮丧。（玛丽才不在乎她自己有没有交作业，但是千万不要走开，看看哈里斯先生想要干什么。）但是别太自责，我肯定你明天一定能把作业带来。对了，明天我还得让你帮我做件事儿，我记性不好，明天交给我作业的时候在上面贴个便条，提醒我要找你帮忙的事儿。谢谢你玛丽！”

你猜第二天发生了什么？玛丽战战兢兢地交上了她的作业和那张便条。便条是打印出来的，特意设置的大号字体提醒哈里斯先生需要玛丽帮忙。现在哈里斯先生可以实施他的下一步计划了。他知道他现在完全占据有利形势，他的一言一行决定着玛丽是否能摆脱不写作业的坏习惯。他微笑着看着玛丽说："玛丽，非常感谢你不仅认真负责地完成了作业，而且还记得提醒我要给你安排的任务，我差一点就忘了。"接下来他派玛丽到对面的房间给另一位老师送了些无关紧要的材料。

正例

在对待玛丽的问题上，哈里斯先生仅仅是想出了周全的策略并运用了简单的心理学知识。他没有和玛丽发生正面冲突，也没有警告她如果下次再忘记带作业会遭何惩罚，而是高瞻远瞩，想方设法避免冲突，维护玛丽的尊严，使她产生一种责任感。这样一来，以后不完成作业的频率就会大大降低了。与其说这是一种聪明才智不如说是好的教学方法在起作用。

某些老师有这样的想法："这种方法根本不起作用，哈里斯先生只是给予玛丽些许奖励，因为虽然晚了一天，玛丽还是交上了作业，但这种奖励并不能保证她以后都能按时完成作业。况且，她做作业仅仅是因为可以为老师做些事情。老师不能因为学生完成了本职任务而奖励他们。"这是一些老师的普遍反应。身为教师，我们认为这一想法也不无道理，但是如果对哈里斯先生的所作所为稍加思索就会得出全然不同的结论：首先，他没有声明帮他做事是对完成作业的奖励，并没有说只有交上了作业才能帮老师做事。他仅仅是把作业当成让学生提醒他某些事情的一种方式。这正是他的聪明之处！试想如果玛丽又没有完成作业，而只是口头提醒老师给她的这次"任务"，这只会放大她没有完成作业的事实。而且当她确实交上作业的时候，哈里斯先生用词谨慎，“谢谢”二字传递了对玛丽认真负责的表扬。事实上，对学生的责任心表示感谢是确保学生将此优点继续发扬的一剂良方。所以玛丽觉得她取悦了自己的老师，对于之前为什么没交作业她不必费尽心思加以辩解，这样她以后按时交作业的可能性就大大增加了。毫无疑问，哈里斯先生没费一枪一炮，没有怒目圆睁地威胁学生，而是在轻松的交谈氛围中达到了他的目的。这真不愧是明智之举！

反例

某些教师经常使用的方法则颇为无效。一旦学生没有按时交作业他们便火冒三丈，经常把“如今的孩子！课堂上不学，课下更是无法无天！”挂在嘴边。对于他们来说情况确实如此。那是因为，基于他们失败主义的偏见，这些老师不论在课堂上还是在课下，都不能使学生受益匪浅。他们深陷与学生的权力斗争的泥潭中，绝望却无法抽身，致使班级氛围沉闷，师生关系紧张。他们经常布置很多作业，虽然这些作业在学生看来完全没有必要，既没意思也没兴趣，但是他们却不得不做。因为老师警告过他们如果完不成就要被罚写两遍甚至三遍作业。这些老师还会提高家庭作业在学生期终成绩中的比重，因此学生学习压力巨大，并且没有成就感，很快就失去了学习的兴趣。

在这里我们并不是说所有的作业都没有意义，我们认为，如果老师教学有方，保证学生每天的学习成效，那么适当有趣的作业不仅能够使学生温故而知新，还能够帮助学生增强学习经验。

小结

对于“作业”这一话题有过很多研究和激烈的争论。学生需不需要作业？作业能否提高学生的学习成绩？作业是否有助于责任感的形成？作业是否应该与学生的成绩挂钩？问题不息，研究不止，迄今为止关于作业的问题还尚无定论。

以下建议仅供参考：

◆ 布置作业要遵循适度原则。

◆ 如果几个老师教一个班，为了减轻学生负担，老师应该商量着轮流布置作业。

◆ 确实要布置作业时要确保作业的趣味性，挑有意义的，学生有能力完成的作业。同时注意确保作业能够巩固学生所学过的知识而不是新知识。学生也比较喜欢完成这类作业。

◆ 学生偶尔没交作业时不要大惊小怪（老套的做法：罚学生写两遍甚至三遍的方法毫无用处，一遍都不做的学生根本不会做第二遍），但是，如果学校有特殊规定，依规定行事即可。

◆ 切记并不是所有的学生都有完成作业的良好的家庭氛围。

最重要的是一定要意识到你教的是孩子，即使高中生也还是“孩子”，他们需要时间玩耍，因此我们每个人都要留一片童心在，这样的话我们就会烦恼顿消，欢乐自来。

课堂挑战七
如何让学生参与课堂

我不知道答案，于是没有举手

教室那端的孩子却胸有成竹，高举双手，高举的手让我不敢直视

老师却没有叫他，而是把目光投向了我

“千万别啊，”我默默地祈祷，“千万不要叫我，我没他聪明，答错了会丢人的”

出乎意料的是，老师中途更改了问题，这次她深信我能够答对

我充满自信地大声说出答案

时至今日，那种自豪一直陪伴着、激励着我

伊丽莎白·布鲁瑞克斯

课堂场景

五年级的数学课上，老师提出了一个问题，同学们争先恐后地举手回答。老师点了一个很活跃的学生，但他却答错了。这个错误非常

明显，与正确答案相去甚远。但是他的回答却逗得大家哈哈大笑，发人深思。老师却没笑，而是和颜悦色地问道 ：“能解释一下你是怎么想的吗？”虽然对于错误的原因老师和学生都清楚，但还是让学生说出了自己的想法。其实，通过解释怎样得出答案，学生就可以发现自己的错误。整理着自己的做题思路，学生恍然大悟 ：“天啊，真不知道我当时怎么会得出那样的答案！”

该学生受到了老师的表扬，原因有二 ：一是能够发现自己的错误 ；二是敢于犯错误。老师向全班学生问到，“同学们，你们对错误有什么看法？”全班立刻活跃起来，给出了相似的答案，汇总起来可以编成一首歌词，更确切的是一首说唱音乐歌词，不管叫它什么，我们一起来看看吧 ：

错误如此美妙，我们都迫不及待、争先恐后地犯错误，

因为每一次的错误，都像我们的良师益友帮我们去进步，去发现。

让我们对错误宽容，并以此自省，

因为这样我们能在每次跌倒后，爬起来继续前进。

然后，老师继续课堂教学，课堂节奏不紧不慢。她的热情十分有感染力，因为现在整个班级都洋溢着快乐的气氛。学生们置身其中，享受着参与的乐趣。最不可思议的是，那个犯了错的学生依然积极主动地举手回答问题。

正例

每个人都害怕犯错！一般情况下，无论处于何种原因，与我们成年人乐于参与陌生的话题相反，对于不熟悉的话题学生都不愿意参

与。所以，我们必须帮他们克服恐惧感，使他们相信：怕犯错，不敢犯错，以后就会一事无成！显然，这位老师了解学生害怕犯错的天性，并说服了学生，让他们相信犯错其实没什么。她也同样教会学生接受他人的错误，把错误作为自己学习的机会。

在入学第一天就应该开始让学生参与课堂。首先，要让学生心态放松。可以问学生一些简单的问题，例如："还记得你第一次自己吃饭时的情形吗？"答案肯定会是"一团糟"。然后，讨论一下有没有人永远被人喂，你见过不会自己吃饭的成年人吗？问问题的目的是向学生证明我们在学会吃饭之前需要很多次尝试和练习。而且要跟学生解释所有技能都是如此，犯错误是为了更好地学习。

邀请你的学生们"尽量多地犯错吧"，因为不犯错就谈不上学习！作为老师，应该让学生放轻松，让他们了解你实际上是"欢迎"犯错的。

反例

如果想让学生在课堂上一言不发，只要让学生对犯错感到局促不安就可以了。我们都亲身经历或者看到过这样的场景——提问注意力不集中的学生，无意中让他在全班学生面前难堪。这是教师在鼓励学生参与课堂时犯的严重错误之一。这也许会让你在接下来的整个学年中"失去"这名学生。另一个严重错误是对犯错的学生严加斥责，这种现象在许多课堂上经常发生。不论教师出于什么目的，学生在同龄人面前遭到羞辱，情绪一定会低落沮丧，甚至恼羞成怒产生复仇心理。即使学生没有别的举动，那么这样做也一定会让学生在课堂上闭口不言。沉默、不参与课堂又谈何学习。一个沉默、拒绝参与的学生常常会扰乱课堂纪律，造成“双输”的局面。

小结

如果想让学生积极参与课堂，你必须做到以下几点：

- 备课时，教学内容应设计得让学生的参与度越高越好。
- 讲课时，对所讲的一切内容都要充满热情。
- 从一开始就要使学生对课堂参与抱有放松心态。
- 从一开始让学生对犯错放松。
- 让学生明白没有人不犯错，犯错是学习的一种方式。
- 真正做到鼓励学生犯错和课堂参与。

补充：如果发现本书中的任何错误，请和我们联系，我们将十分乐意修改！

课堂挑战八
如何处理学生“满不在乎”的态度

稚嫩、不驯服、缺少生活经验积累的智慧

时常被讥讽和嘲笑——我们已经成了不可雕琢的朽木

我们就像不会游泳的人掉入水里，只有头努力地伸在水面上，使劲地呼吸

眼看着就要沉入水底

我们需要你的帮助……为什么你看不到

我们不会直接向你求救，却会用一种独特的方式呼喊

我们假装不在乎你的关心……内心却非常渴望

所以，请不要被假象所蒙蔽——请你更加耐心、更加坚持

你比我们更聪慧——是我们渴望找到的智者

我们也能取得成功，但需要你的协助

我们喜欢用虚有的强大外表掩饰脆弱的内心，你感觉到了吗

我们需要一只温柔的手、一颗爱心，以一种理解的方式，平易近人地与我们交流

你对我们有多高的期望，我们就能做得有多好
请你期待我们会越来越好，否则我们就会表现出最糟糕的一面
你怎样对待我们，我们也会以同样的方式回报你
当我们被人信任，我们也会相信他人
当我们被人尊重，我们也会尊重他人
当我们被人信赖，我们也会信赖他人
谁先给予对方信任、鼓励和关心真的有那么重要吗

伊丽莎白·布鲁瑞克斯

课堂场景

老师甲说：“学生们什么都满不在乎！不交作业，甚至连课堂作业都完不成。得零分他们习以为常，像吃糖果一样轻松！有些学生居然每天上课睡觉。对付这帮学生，就不能手下留情，等他们看到自己的成绩单就傻眼了。只有不及格才能把他们唤醒，明白问题有多严重！”（当成绩单发下来时，老师甲班上有48%的学生不及格。）老师甲的学生也上老师乙的课。但是所有同学都通过了老师乙的课程考试，没有一个人不及格。看一看老师乙的课堂,你就明白其中原因了。

正例

同样的学生，老师甲的课考试不及格，老师乙的课的考试却都能

通过。老师乙究竟做了什么起到良好的效果？让我们来看一看她的课堂是如何进行的吧！

老师乙站在教室门口和所有学生热情地打招呼，学生们都坐到座位上，上课铃响了。老师乙走上讲台亲切地说，“早上好！”并且表扬学生们能按时上课，这些让她感觉能有这样的学生十分荣幸。

此时此刻所有的眼睛都注视着她。她给学生简单地讲了昨天读到的一个故事，学生们借助各自的一套教具找到故事的背景、矛盾、冲突、高潮、人物等等。老师用投影仪指导学生进行这个活动。

对学生进行一番指导后，老师乙让学生踊跃发言以检验学生的理解程度，然后又给他们讲了另一个小故事。之后，老师拿出另一套教具，这次让学生自己来分析。老师不停在教室走动，检查指导学生、鼓励他们。对于错误的回答，让他们进一步解释以帮助他们找出正确答案。老师热情地和学生交流着。谁都想不到，今天这节课她已经讲了两遍，还有三个班要重复讲！学生当然不知道老师已经讲了两遍了，所有的学生都以为老师乙只教他们。

按照指示，学生们把教具装好，由一名学生将所有教具收集起来。另一名学生把课桌上摆放的表格收起来放到教室的书架上。教室里的一切又重新井然有序，每天都是如此。

第二天，老师对故事的“叙事形式”进行了一个小测试，所有的学生都跃跃欲试。他们都很自信，因为上节课他们都听懂了，一定能拿高分。他们也都盼着老师赶紧评分。老师收起所有的试卷（测验只用了三十分钟），学生们央求老师赶紧判卷子吧。因为小测验很容易所以老师改起来很快，改完了便放进学生的文件夹里，让同学发下去。

有趣的事情就要发生了……所有的学生把成绩单从文件夹里拿出

来，亲自把分数填上。其实老师已经提前把分数登记在学生名单上了。为了不打消学生自己登分的热情，让学生享有自己登分的权利，并及时了解自己的平均分，老师乙设计出让学生自己登分的办法。

每排最后一名学生把装着成绩单的文件夹收起来放在架子上。一切都按部就班。当然，是优秀老师带领优秀的学生共同制造了这样良好的上课气氛。

顺便说一句，无论教导主任问老师乙什么时候方便去听课，老师乙都会说“随时欢迎！”

反例

老师甲从不站在门口和学生打招呼，也不会制造积极的课堂气氛。但所有的学生都知道她是一个爱挑毛病的老师。她给学生布置一堆的作业，课上完不成就课下做。学生课上做今天的作业，老师坐着批改昨天的作业。对学生来说，作业没有任何吸引力，他们中很多人做其他事情来打发时间，等着下课铃响。有的给朋友写信，有的给其他同学扔纸团。（墙角的一堆纸团展现出这些学生卓越的扔纸团技术，想想，他们每天都在扔纸团玩儿啊！）有的学生设计出系鞋带的新花样，正在给其他同学演示。有的同学把美术课需要用的材料——两个冰糕棍，粘到了其他同学的背上！老师却对此毫无察觉，此刻她正专心地批作业呢！仔细想一想，课上不认真写作业的学生当然更不可能花时间回家做了！

现在还记得吧，这位老师说过的话，“学生们什么都满不在乎！不交作业，甚至连课上作业都完不成。得零分他们也不在乎，习以为常，像吃糖果一样轻松！有些学生居然每天上课睡觉。对付这帮学生，就不能手下留情，等他们看到自己的成绩单就傻眼了。只有不及格才能把他们唤醒，明白问题有多严重！”

小结

首先，你要理解“我不在乎”通常是指“我不懂，但不想承认我不懂”。所以，表面上“我不在乎”的态度掩盖了学生问题的真正所在。可惜的是，正是由于缺乏有效的指导导致了这种问题的出现。繁忙的工作不能说明你对学生的关心，也不会直接帮助学生学业的进步，而只会导致学生明目张胆地无视你的课堂。

你想让学生真正在意你的课堂吗？那就上课时饱含热情地为学生讲课吧！把课本内容和现实生活联系起来，保证所有的活动和作业丰富而有意义，这样你的学生进步会更快。好的教学方法让学生对你的课堂充满乐趣和兴趣，学生能从中获得很大的成功。一次成功会孕育出更多的成功，一次关心会孕育更多的关心，好的教学方法能孕育出学生卓越的成绩！

课堂挑战九
因材施教

教学之路并非一帆风顺
因为我们要教的是一个个生命
而非那些冰冷的课本和分数
学生一届又一届，年复又一年
他们有各自的特点、肤色和成长背景
学习水平也参差不齐
可他们是一个个有生命的个体
带着各自的闪光点
正如“没有两片一样的树叶”一样
没有两个一模一样的学生
正因为此，世界才会转动
教师这个职业才与其他不同
作为教师——我们是学生未来的缔造者

伊丽莎白·布鲁瑞克斯

课堂场景

“我不知道自己还能撑多久，”特纳夫人叹息道，“每年学生的基础都不一样，而且越来越差。”一旁的同事出于关心便问道：“怎么了？”“哎，我教三年级。可学生的阅读水平参差不齐，从一年级到四年级的水平都有。我丈夫教十年级，他们班有个孩子好几年都没有达到年级平均水平。我们每天晚上都进行这样的讨论，如果学生根本达不到相对应的水平，我们怎么样才能帮助他们通过期末考试呢。通过教学让所有人满意简直是不可能！没有办法，上课只能针对那些中等水平的学生。这样的话，差生便会听得云里雾里，优等生又会感到无聊透顶。课堂纪律肯定要乱了！”

正例

这种悲观的态度糟糕极了。要是她肯花点时间去隔壁米歇尔夫人的班上看看，她就会注意到其他的班级也面临同样的情况。米歇尔夫人也教三年级，学生水平也是参差不齐，但她却能应付自如。我们去她的班级看看，找到区别究竟在哪？别忘了，两个班都是三年级，学生整体水平都差不多，同样是参差不齐，如肤色、家庭背景、学习成绩等等。可是米歇尔夫人的班里每一个学生都很成功。通过与米歇尔夫人的交谈及观摩她上课，我们发现：首先，她对学生的态度及教育理念跟特纳夫人迥然不同。她采取的是另外一种教学方法。在米歇尔夫人看来，她教的不是三年级水平的学生，而是那些恰好留在三年级的学生。她意识到每个学生都是不一样的，包括他们的学习能力、经验、背景、成长状况等等。她照顾到每一个学生。但是怎样才能做到这点？照顾每一个学生，这可能吗？答案是肯定的。当然难度也很大。米歇尔夫人知道没有捷径可走，她要教的是学生，是每个都有不同特点的个体。所以每次在讲解新知识之前，她都设计一些生动有趣的活动来调动学生的积极性，然后才开始讲解，并做示范。最后与学生一起练习，来帮助学生掌握新的知识点。在练习过程中，米歇尔夫人就能知道哪些学生还需要加强练习，哪些学生还需要个别辅导。接着她就让已经掌握的学生自己练习，而将那些差不多快要掌握的学生分成小组，以小组的形式再练习一会。而她自己则去帮助那些需要单独辅导的学生。如果有学生有能力接受更多，这确实很常见，她就将事先准备好的拓展练习给他们，好让他们吸收更多新知识。所有这些事情都是同时进行的，当然这些都是事先精心准备的，每一节课都是这样。因为米歇尔夫人知道对于水平参差不齐的班级，无论讲解什么知识点都将是这样的结果。

当被问到教这么多水平不一样的学生有什么诀窍时，米歇尔夫人回答道："没有两个学生是完全一样的。每一个都有各自的优点和缺点。所以我结合学生的自身条件设计相应的教学方法，然后循序渐进地引导他们，达到相应的水平。我从不浪费时间来抱怨他们基础多么参差不齐。事实上，我很庆幸他们基础不一样，这样班级才多样化，才显得有活力。也正因为如此，我从不敢懈怠。在我看来，成功的教师不是把优等生培养成优等生，而是运用自己的聪明才智让基础差一点的学生也能挖掘出自己的闪光点，发现并实现自己的价值。

毫无疑问，米歇尔夫人学生的成绩在整个学区一直名列前茅。

反例

毫无疑问，特纳夫妇的教学方法是失败的。在改变教学方法之前，他们首先应该改正教学观念。他们认为在同一个班级里，不可能同时教授水平各异的学生。所以，与他们持有同样想法的教师，同样只针对水平中等的学生。就连特纳夫人自己也承认，这种教学方法只对那些为数不多的中等学生有帮助。试想一下，我们在医院里听到医生这样的回答：“对不起，我不能给你治病，你的症状不属于一般情况。我只会给一般症状的病人看病。因为你的病需要特殊的治疗方法，我也没什么好办法！我就一个人，不可能满足所有病人的需要。”听起来很荒谬吧？那么，如果老师认为无法教授那些需要特殊关照的学生，她的行为也同样荒谬。

小结

分数并不等同于学习成效。即使都在同一班学习，学生的学习成效也可能不一样。我们应该从学生自身的情况出发，而不是从他们应该达到的水平或者我们期望的水平出发来安排教学活动。

如果你向基础差的学生灌输他们理解范围之外的东西，他们在学习上就几乎不可能取得成功。但是，如果你结合他们自身的情况，教授他们理解范围之内的知识，那么他们成功的可能性就会非常大。

课堂挑战十
让每一位学生都品味成功

在班里，我不算聪慧；压抑、沮丧时常包围着我
但在今年新来了位老师，她坚定地告诉我，成功属于我
“很好！”“真棒！”“做得非常好！”，她总这么称赞我
让我品味成功的甜蜜，是她最美的品质

安奈特·L.布鲁肖和伊丽莎白·布鲁瑞克斯

课堂场景

艾老师（喜欢自怨自艾的老师）一直在抱怨自己教的四年级特殊班，她说这些学生像动物似的，属于“低等”生物群。学生中的大多数都留过级，被分配到这个班里，他们甚至不能写出一个完整的句子。鉴于他们阅读和写作的平均水平与一二年级的学生差不多，所以艾老师的任务是提高学生的水平，确保他们能通过该州的综合评估考试，但是连艾老师自己都声称这是不可能完成的任务。

还记得那则我们儿时都读过的小故事么?《小火车做到了》(*The Little Engine That Could?*)其中的经典语句:“我一定能做到,一定能做到,一定能……”艾老师显然从没读过,真是太遗憾了!

尽管这些学生最终都没能通过艾老师的语言艺术课,也没有通过该州的综合评估考试中语言艺术部分的考试,但是鉴于他们大多数都通过了其他的课程,该学区的教学主管人员坚持认为他们是“孺子可教”,允许他们升到五年级继续学习。而这种做法却招致艾老师的反感,她对其他老师说:“看到了吧,这就是现今教育的问题所在:学生没及格,我们却放任他们。”

“我们交了学费,你却没有把他们教好,”该学区的负责人开玩笑似的对“自怨自艾”艾老师说。虽然这只是句玩笑话,但这难道不是我们想对她说的话么?

正例

升入五年级的学生们迎来了新的英文教师——龚老师(她始终认为人人皆可成功)。在本学期第一节课上,他们看到黑板上用粗体写的一句话:“因为狗吃了牛排”。学生看了自然会追问这句话的合理性,老师想让他们做什么呢?于是,龚老师告诉他们,这句话是一个问题的答案,她还鼓励学生们自愿到黑板上写下他们想到的问题。这个思考过程就像非常有趣的益智游戏,学生们自然很喜欢这样的小任务。他们很快便发现了,原来针对这个答案,可以提出各种问题来!

接着,龚老师便让学生们思考并向她解释,为什么这个句子可以是许多问题的答案呢。一起讨论之后,她成功地让学生自己发现了答案。(注意：不是她直接告诉学生答案，而是让学生自己思考。)原来“因为狗吃了牛排”不是一句完整的陈述句，所以这句话不是一个很准确的答案。

很快，龚老师把黑板上不完整的句子擦去，重新写上一个完整的句子“今晚我们吃热狗，因为狗把牛排吃掉了”。接着，她又重复了刚才的话，“这又是一个问题的答案，”她问道，“那问题是什么呢？”这一次，所有的学生都给出了同样的回答，“为什么今晚你们吃热狗呢？”学生们还在她的引导下，重述了为什么刚刚写在黑板上的句子没有相同问题的原因，他们说那是因为第一次的句子是不完整的陈述句。

接下来，龚老师又向学生提问，要求学生们用完整句子来回答。例如：“你叫什么名字？”“你最喜爱的颜色是什么？”“今天为什么你会在这儿？”如果学生用完整的句子来回答，她便高兴地称赞他们，很快她带着学生过渡到段落写作阶段。

龚老师用自己的手指向学生们，解释段落写作的“五个手指理论”。她说：“大家看，大拇指是主旨句。”然后，她开始引导学生讨论写主旨句的标准和要求。她利用课件给学生描述什么是主旨句。这些句子使用蓝色字体做了标注，通过颜色标注，帮助学生看到、理解并记忆。接下来，龚老师向学生解释，至少需要三句话来支撑主题句，这时她用自己的食指、中指和无名指来代表三个支撑句。于是屏幕上出现了三个红色字体的句子。“最后，”她接着说，“我们需要一句结尾句，或者叫‘包装句’。同学们，过圣诞节时，准备好的圣诞节礼物，你们把它放到圣诞树下面之前，通常都会做什么呀？”学生们齐声回答：“包装一下！”“真聪明！”老师称赞道，“所以，在我们写完段文章时，结尾要写一句很漂亮的‘包装句’。”接着，屏幕上出现了绿色字体的最后一句结尾句。

在老师的指导下，学生们开始独立写作一段完整的文章。他们成功了！原因何在呢？因为他们理解了整个写作模式！

让我们一起来回顾一下刚才那节课的整个流程。那些被艾老师认为都不能写出完整句子的学生们，却在龚老师的指导下，独力完成了一段小短文的写作！很令人吃惊吗？未必。令人惊讶的应该是，他们跟着艾老师学习了一整年，却写不出一个完整的句子！

这些天，学生们不断练习段落写作，慢慢地掌握了段落写作的规则。龚老师真的开始让学生完成“不可能完成的任务”了，因为她开始布置学生写短文了！太不可思议了！刚开始时，她还是用“五个手指理论”来向同学们解释如何写文章，只是这一次的句子换成了段落：一个主旨段，三个支撑段，一个结尾段。

这节课上，龚老师发给每个学生一个信封。在老师的指导下，他们把信封拆开，把里面的纸片都拿出来，摊放在桌子上。这些纸片包括：一段蓝色字体的主旨段，被分成五个句子；三段红色的细节段，被分成十五个句子（一段五个句子）；一段绿色字体的结尾段，被分成五个句子。然后，她对学生说，这些散落在他们面前的纸片实际上是一篇小文章。在老师的协助、帮助和鼓励下，学生们深受感染，很快他们便把这篇“字谜”似的文章拼接好了。

那节课之后，学生们懂得了如何写一篇结构分明的文章。他们不仅将句子结构、拼写、过渡段、语法等等牢记于心，还知道了如何构建一个良好的文章结构。和其他班级一样，一些学生进步神速，但龚老师只有在多数学生都达到预期成功的情况下，才会继续推进教学进度。学期末，这些学生不仅仅通过了她的语言文学课考试，还通过了该州的综合估评考试！他们身上发生了“神奇的改变”！很多学生在即将毕业离校之时，都抱着龚老师哭成一团，不舍得离去……

反例

让我们一起来回顾反思一下，究竟是什么原因导致这群学生在龚老师的课堂上取得了成功，却在艾老师的课堂上悲惨地失败了呢？

首先，让我们回顾一下艾老师的做法吧！

◆ 在学生入学第一天，她便暗自给学生们贴上“朽木不可雕”的标签。

◆ 她一直无法“释怀”学生过去的失败，对学生一直没有寄予过高的期望。

◆ 她从未向学生提出高要求，习惯于他们的学习状况一直徘徊在低水平线上。

◆ 她从未向学生提出高期望，使他们对自己的学习成绩也不报任何希望。

◆ 她对任何学生都使用老套的教学评估方法进行管理，收效甚微。

◆ 她给学生布置了成堆的超出学生水平的作业，导致他们经常受挫，慢慢习惯了失败。这种机械死板的方式导致学生阅读和写作水平的倒退！

现在，我们来讨论一下艾老师的失败之处：

◆ 她没等学生在自己的水平范围内取得相应的成就感，就急于教授学生更难的内容。（这些成就感就像龚老师教会他们写作完整句子一样。）

◆ 她没能做到对待学生应该耐心细致，体贴入微，充满热情。

◆ 她没能营造出有新意，让学生积极参与其中的课堂氛围。

◆ 她没能成为学生“真正意义上”的老师，也许是因为她没能享受到教育学生迎接挑战、克服困难的乐趣。

◆ 她没能促进激发学生的学习兴趣。在课堂场景中有过类似描述，她甚至将学生称为“低水平的动物”，这是一名教师应该说的话吗？

小结

学生们只能在自己的水平范围内学到知识，品味成功。只有在获得成功之时，他们才愿意继续学下去。但这并不意味着，教师应该允许学生在某一水平上“停滞不前”。作为教师，我们应该帮助他们在某一阶段获得成功，继而引导他们进入下一阶段的学习。所以，才会有诸如类似的书籍的存在，如《失败乃成功之母》、《如何帮助失败的学生》、《失败的乐趣》、《闲暇时刻探索如何解决教学中的问题》等等。

我们经过努力所取得的成功，最能激励自身继续往前。实际上，在我们自己的水平范围内，我们总能轻而易举地品味成功的滋味。因此，教师的责任便是发现每名学生的水平范围，帮助他们获得成就感。

总而言之，本章的总结是：**只有学生得到正确的教育，真正的学习才由此开始！**

课堂挑战十一
公平对待学生

请思考：如果一名学生视力有缺陷，老师却借助可视教具上课，这样做对他公平吗？体育课上，让所有的学生都跑1英里，这样做公平吗？你自己能跑1英里吗？医生如果不问病症，用同样的药物治疗所有12岁的孩子，这样做公平吗？公平地对待学生不是对他们一视同仁。正相反，公平意味着要因人而异，因材施教！

课堂场景

开学已经三周了，埃里克经常最后一个走进教室。关于迟到的问题，他总有借口，并且总会牵扯上其他人，但老师从不为此生气。老师坚持实施学校制定的学生守则，所以埃里克因迟到受到几次惩罚。他和老师谈过几次，理解老师对他每次迟到进行惩罚的做法，否则对其他学生不公。虽然埃里克屡次受罚，但他还是会偶有迟到。然而，他比以前准时多了。

不幸的是，埃里克在一次交通事故中受了伤，一条腿断了。不久，他不得不坐着轮椅回到学校，这次他可以为迟到找更好的借口了。

老师没有准许他以后可以迟些到校，决定采用一种相反的方法来促进他按时上课（见“课堂挑战十二”）。交通事故的第二天，老师告诉他，她会尽力帮他度过这段困难时期。她已经告诉所有老师，并且老师们都答应让他提前两分钟下课，使用走廊的无障碍通道。这样，他就能比其他人早些到达下节课的教室了。埃里克非常感激老师的帮忙。

埃里克第一次早早地出现在教室里，老师当着所有学生表扬了他，他腿脚不便仍能准时到教室，夸赞他学轮椅速度之快。老师告诉所有学生，埃里克身残志坚，尽最大的努力克服困难。她还特意指出，只有不思进取的学生才会以伤病为借口而不努力的。（顺便提一句，埃里克痊愈后再也没有迟到过！）

正例

老师使用了一种行之有效的方法，我们称之为“主动策略”。她把违反学生规则的苗头消灭在萌芽时，对埃里克采取了先发制人的方法。（虽然方法陈旧，但十分有效。）从开学第一天起，老师一直坚持公正，埃里克早已意识到了这一点。他可能想试探一下老师是不是真的会“恪守诺言”。显然，老师是动真格的。但是，她从没体罚过埃里克，而是按学生守则行事，让他知道老师为什么要这样做。逐渐的，埃里克比以前准时多了。

当埃里克不幸发生交通事故后，老师明白他的心理，她要采取措施确保“轮椅”不会成为他迟到的另一个借口。她公平行事，给他些额外的时间，同时确保埃里克康复后能准时到校。

事实上，我们不确定是公平的老师做事有效，还是不公平的老师做事有效（前提是这些老师都具备基本的管理课堂的方法和教学技能）。其实，这关系到对老师的信任。如果一个学生信任你，认为你做任何事都很公平，学生就会主动配合你。就是这么简单。即便学生未必对结果满意，但学生理解，并且希望结果是公平公正的。该情境中的老师为了赢得学生的信任和尊重，工作一直都很勤奋。最后她实现了对学生始终公平的目标。

请明白一个道理，对学生公平并不是对所有的学生都一视同仁。如果你的班上有个残疾学生，坐上了轮椅，特殊情况需要例外处理，这是人之常情。

反例

上述那位老师和我们一样，也是普通人，所以她对埃里克不积极配合的态度也会不满意。毕竟，老师一直要求他准时到校。第一次看到埃里克坐着轮椅来上课，“一视同仁”的老师可能会提前告诫他不可以以此为理由而迟到，迟到会受到相同的惩罚。这种方法永远都杜绝不了迟到现象的再次发生。

一些老师错误地将“公平公正”与“一视同仁”混淆。这就好比医生采用相同的方法治疗症状不同的患者，而不考虑患者的实际症状。所谓“公平”对待患者是指用适合他们的治疗手段为其治病。“公平”地对待学生也是如此。

小结

一般来说，规则和程序是需要人遵守的，这样才能保证课堂的良好有序。但是请记住，公平对待学生不等于对所有学生一视同仁，而是要因人而异，用能产生最好效果的方法来对待每个学生。公平对待学生、坚持原则、强化学生守则的老师一定会受到学生的崇拜、尊重和信任。给我们一个坚持用尊严和公平对待学生的老师，我们就会还你一群成功的学生和一个成功的老师！怎么样，够公平吧？

课堂挑战十二
让学生加入你的“阵营”

让紧锁的双眉变得舒展
您告诉我我能完成，尽管我很怀疑
您似乎总是认为，我会尽力做好
而我，静静坐着，眉头紧皱，一言不发
我浪费了宝贵的时间，您似乎并不在意
您说，给我时间，在我需要您的时候，会出现在我身旁
您并未注意到，那些被我撕碎的纸片
我竭尽脑汁地思考，很快，思路打开了
思绪飞向了远方
连我都惊讶自己说出的话
终于完成了，改正了错误
读着自己创作的作品，连自己都赞叹不已，“哦，我的天！”
我原来可以做的更好
您一定会觉得，我是个聪明的孩子

站在您的面前，递给您作业的那一刻
我的脸上一定洋溢着灿烂的笑容
当我看到您注视的目光，我的笑容又变成了紧锁的眉头
接着，您读到了我的小诗，您开始微笑
您举起双臂，拥抱了我
我努力掩饰自己心中的激动
却再也无法阻挡让紧锁的双眉变得舒展

伊丽莎白·布鲁瑞克斯

课堂场景

每年，钱德勒夫人所在的高中都会将那些“最难管教”的学生分配到她的班里——其他的班级都不愿接收这些学生。钱德勒夫人的班级是学校自行设立的过渡性班级，由有严重问题的学生组成。他们中的大多数都曾中途辍学，如果想重新迈入学校大门，那么，钱德勒夫人的班级将是他们的“第一站”。

当他们的表现有所改善，并能证明自己可以在“正常的环境”下学习生活时，便可以转入“正常”班级。有趣的是，钱德勒夫人的班级就像一扇旋转门，过去的十年中，她一直负责这个班级，所有在这个班级里的“问题”学生，他们的行为都得到矫正，并且很快进入到“主流学生”群体中去。但是，很多学生在回到“正常环境”中后，很快就会被“遣送”回来。接下来，在钱德勒夫人的教诲下，学生发生转

变，离开这个集体。然而很快地，命运再次逆转，他再一次被送回。继而，改变后离开，接着又会倒退回来。“正常环境”里的老师坚持认为，这些学生无法在“主流环境”中存在，他们声称“命运的逆转”是无法避免的。是的，学生们在钱德勒夫人的班级里可以取得进步，然后一旦他们置身于“正常班集体”中，他们很快便会重蹈覆辙，行为乖张了。

基于对“正常”与“非正常”班级的观察，以及对“问题”学生及教师的采访，我们做了深入的调查。调查结果非常明确，这种“神秘现象”被揭开了面纱，这些“问题”学生在不同班级受到的对待方式将被逐一列出。

正例

◆ 钱德勒夫人把“问题”学生当作“正常”学生一样来对待。

◆ 她总是积极向上充满热情。

◆ 她对每一名学生都表示欢迎。

◆ 她让每一名学生都感觉到自我价值以及个人的独特之处。

◆ 她爱着自己的学生。当任何一名学生离开去“正常”班级时，她都会留下开心和不舍的泪水。

◆ 她找到让每一名学生都成功的方式。

◆ 她耐心备至，从未用手中的权力惩罚过学生。

◆ 钱德勒夫人的学生都很爱这个班集体，他们承认自己愿意做任何事重新回到这个集体中去，所以，严重的违纪行为便是他们惯用的“小伎俩”。

反例

◆ “正常班级”的教师把钱德勒夫人的学生当作“问题”学生来对待。

◆ 在教学过程中，教师缺乏热情。

◆ 他们让钱德勒夫人的学生感觉到自己仍是“有别于”正常学生的。

◆ 他们承认，如果这些学生又被“遣送”回钱德勒夫人的班级时，他们没有情感上的不舍。

◆ 他们没有尽力让这些学生找到自己成功的途径。

◆ 对待钱德勒夫人的学生时，他们流露出极度的不耐烦。不管是对“正常”学生还是“问题”学生，他们都经常使用教师的权力压制学生。

◆ “遣送”学生回到钱德勒夫人的班级时，都会留下“开心”的泪水。

小结

教师应该为孩子做任何事，让他们感觉到被人认可，感受到自我价值和个人的无可替代性。这时，他们就会用“正常”的方式回应。所谓“正常的方式”，不管是成人还是孩子，正常的方式就是他们会用同样的方式来对待你。这不是什么复杂高深的学问！倘若教师希望和学生处在同一阵营，那么他必须先加入他们的阵营里。如此一来，“问题”学生的行为也会逐渐地规范起来。反而言之，倘若一个正常的学生被教师用不合理的方式对待，他也会慢慢蜕变为“问题”学生。

想让你的学生站在你这边吗？

首先要和他们站在一起！

课堂挑战十三
发现学生的潜能

您告诉我，完成这项作业。我并没有尽全力去做
因为我只想完成任务，并不在乎是否做得出色
我平庸的作品并未引起您的注意，其实，我可以做得更好
对于这些，您也许不会知晓
在您眼中，我仅仅是个孩子
而我也无法了解，这些作业跟我的梦想到底有何关联
倘若您想看到，最优异的我
请您走进我的心灵，抓紧我，带我走出自己的世界
在此，我还想告诫您，也许，我会哭闹、大叫，对您不理不睬
因为我在内心留一片自己的天地，不想让您轻易走进
因此，请您不必介意
在我哭闹的时候，请您忍住心中的怒火，其实我并不是针对您
微微地一笑，发掘最优异、最真实的我，不要吝啬您的称赞

伊丽莎白·布鲁瑞克斯

课堂场景

这是本学期的第三周，一名新学生被分派到巴特利特夫人三年级的班级。新生名叫胡安，有着在老师眼里不太“光彩”的历史：成绩低，目无尊长，家庭不和睦。之前所在的三所学校都将他归为需要接受特殊教育的学生。然而，到目前为止，这些尝试都未能“成功”。胡安的阅读水平跟一年级学生差不多，数学跟二年级学生水平相差不大。至于他的社交能力嘛——我们暂且称之为“还有极大的提升空间”吧！根据胡安的情况，校长把胡安分派到巴特利特夫人的班级。为什么？因为在教学中，巴特利特夫人是位真正的艺术家，在对待“问题”学生时，她具有罕见的能力，能发现他们身上隐藏的良好品质和潜能。巴特利特夫人的教学生涯已有三十多年，至今她还常常能收到学生的来信，也经常有学生拜访她，感谢她曾对自己的教导与培养，并将自己所取得的成就都归功于巴特利特夫人。那么，在胡安身上，她还能继续创造奇迹么？请继续往下读吧！

正例

很快，巴特利特夫人就与胡安建立起了良好的关系，还在班级中欢迎胡安的加入。（不管你相信与否，这是胡安第一次被“正式”介绍给同学。）在刚开始的几天里，她花了很多的时间增进师生彼此间的了解，试着发现胡安的兴趣所在。很快她便发现，胡安对颜色和艺术有着极大的兴趣。教室的一面墙上有个“个人风采”专栏，每个学生都有机会在这面墙上一展个人风采。他们带来自己的照片，写下自己取得的进步，张贴自己的梦想，骄傲地展示体现自我的经历。开学第一天，巴特利特夫人就让胡安带来一两张自己的照片，贴到墙上。而胡安却说自己没有照片。巴特利特夫人马上就拿出自己即刻成像的相机给胡安拍了照，当天就贴到了“个人风采展示墙”上。很快，巴特利特夫人就发现胡安在学习上的进步缓慢。但是，这并没有让她放弃帮助胡安获得成功，她并不逼着胡安按照三年级的水平学习，而是根据胡安的个人水平，帮助他慢慢提高。这么一来，巴特利特夫人知道胡安很快就会体验到成功的滋味了。自然，胡安也没有让老师和自己失望，每天都得到了老师的表扬和称赞，而巴特利特夫人更是告诉胡安，老师在他身上发现了无限的潜力所在！她还把胡安每天带来的画作张贴在“个人风采展示墙”上。她张贴越多，胡安画的就越多，他也迫切地想得到老师的认可。巴特利特夫人运用她特有的“创造力”，将自己教给胡安的每件事都与艺术、色彩、形象以及美学联系起来：比如在教胡安写作的时候，她让胡安写艺术方面的文章；教胡安阅读的时候，她让胡安阅读与艺术相关的作品。很快地，胡安便取得了艺术和学业两方面的进步。在年底，胡安在班里的成绩名列前茅，并获得了学校的奖励。许多年后的今天，胡安考上了大学，成为了一名职业艺术家，他为企业策划广告，收入相当可观，并有一位美丽的妻子和两个漂亮的孩子。至今他还经常去拜访巴特利特夫人。

反例

学校的很多教室里必定都有“胡安”的身影。令人遗憾的是，大多数的“胡安”都没能取得本应属于他们的成就：一些人沉沦，一些被老师渐渐遗忘。大多数的“胡安”根本没机会得到像巴特利特夫人这样老师的教诲。请记住，我们的“胡安”也有过学习成绩差，藐视课堂纪律的过去。也许他们中的一些会继续在“叛逆之路”上走得更远。倘若巴特利特夫人没能发现隐匿在胡安身上的力量和才能，胡安很可能就会远远地被抛在同学之后，变得更加叛逆了，那么他的将来也必定是不成功的。继而他会被留级，成为学校纪律管理的“头痛问题”。和其他的这种“问题”学生一样，他很快会辍学，尚未成熟就迈入社会的门槛。没有好的教育，胡安很可能成为对社会有害的人！

小结

英国剧作家、诗人、散文家奥斯卡·王尔德曾说过，“卓越的艺术家从来不仅仅只看到事物的表象，因为一旦如此，他们就不再是艺术家了。”现在，我们不妨模仿王尔德的名言来给教学下个定义，“卓越的教师从来不仅仅只看到学生的表象，因为一旦如此，他们就不再是教师了。”作为教师，我们拥有一项特殊权利——在学生身上发掘他们所隐匿的力量和潜质。我们应该剥去他们身上带着假象的“外衣”，发现这些潜质。一旦它们流露出来，我们必须帮助它们的主人——学生去发展、提高这些潜质。真正的成功、力量和潜质隐藏在各个学生身上。作为学生的“雕刻师”，我们必须有化腐朽为神奇的能力，把隐匿很深的能力发掘出来。作为教师，我们通过这样改变每个学生，来改变整个世界。

课堂挑战十四
调动学生的积极性

给我些许鼓舞，会让我积极性十足
这将激发我的想象，你也会看到我的努力
感到自己思维的活跃，创作的灵感被激发
分分秒秒我都全神贯注，啊，这是多么开心的事

安奈特·L.布鲁肖

课堂场景

谷老师（指经常鼓励学生的老师）像往常一样站在教室门口，跟走进教室的八年级的学生打招呼——握握手、拍拍肩，并亲切地向他们问好，或者说一句“真高兴你回来了，我很想你”的话。

上课了，谷老师在黑板上写下“超自然”几个字，让学生们讨论该词的意思。有的学生列举了一些从电影上或者书上看到的例子，并对自己的个人感觉和看法相互进行了讨论。讨论后，谷老师说她从不

相信超自然现象的存在，但是最近发生的一件事却让她开始重新审视自己的观点看法。她开始讲故事，所有的眼睛都目不转睛地盯着她，教室静得连针掉在地上的声音都能听到。她的故事是这样的：

“我和爷爷住得非常近，”她说，“我从小到大经常和他呆在一起。做了老师以后，有时候晚上也住在爷爷家。”

“你们知道，我喜欢早上早早到学校来。每次在爷爷家睡，我都怕卧室里的旧钟表坏掉，所以爷爷总是按照我早上五点起床的习惯，把闹钟定在五点。”

“爷爷的这个习惯保持了很多年，直到几年前的一个假期，他老人家不幸去世。假期我就一直跟着奶奶在一起。开学后，我晚上睡觉给旧钟表定好时，但还是担心它会坏掉。爷爷也不在了，不能叫我起床了。”

“一天晚上我睡得正香，突然房间里一声巨响把我吓醒。我跳下床，先想到的是，可能汽车撞到了房间（从声音的强度判断）。四下张望，我发现原本摆放整齐，在角落里的装艺术品的盒子散了一地！地上到处都是艺术品！这时，我不经意地看了看表——4：59！顿时，我意识到了什么，不再害怕，反而感到很安慰。我知道，一定是爷爷担心旧钟表坏掉，怕我不能按时醒来，所以来叫醒我的。”

谷老师对她的学生说：“人们总爱为偶然发生的事情找各种各样的理由，让事件的发生合理化。我相信这次爷爷就在我身边，想再最后照顾我一次。”

不用说，学生们都被这个故事惊呆了，谷老师用一种令人难忘的方式打断了学生的沉默。她说，“好了，我和你们分享了我的故事，试想如果这样的事发生在你们身上，你们会有什么感受。今天我们要读的是一个年轻人的故事，他有着与此极为相似的经历。你们读故事的时候，我会突然打断你们，请你们闭上眼，想象自己就是故事中的年轻人。”

接下来发生的事令人难以置信。谷老师好像变成了一个会魔法的仙女，挥舞魔杖，一下子让所有的学生都沉浸在了书上的文字中。他们按照老师的要求一会儿闭上眼睛，微笑着，一会儿又带着期待，一页一页地读完故事。之后，学生们深受启发，兴致勃勃地互相讨论，分享着各自的想法,不懂之处积极提问,期盼着得到答案。突然下课铃响了,他们去上鲍老师的课去了（鲍老师代指脾气暴躁，容易发火的老师）。

正例

谷老师知道必须找到调动学生积极性的方法，他们才能有兴趣读要学的故事。她为此花了许多心思并做了努力。和所有上课讲求效果的老师一样，她知道要通过真实的故事来激发学生阅读的兴趣。她很聪明地找到了一种有效的方法，让学生置身故事人物之中。通过与学生分享自己真实的故事，调动了学生的积极性。虽然只是简简单单地分享自己的故事，也起到了鼓励和促进的作用，这使得她的教学非常吸引学生。

谷老师教的是阅读，她明白除非能调动学生的积极性，否则基本所有的人（包括成年人）对阅读课都不会有什么兴趣。因此，如果不是做了充分准备，请不要期待学生们能对别人为他们挑的阅读文章感兴趣。

反例

下面是关于鲍老师的课堂。你们都了解她，她是你们上学时最可怕的噩梦。在谷老师的课堂上，学生注意力集中，兴致勃勃地阅读。

然而，来到这个课堂上，“超自然”的事发生在他们身上了。

鲍老师的学生们开始学习美国历史，学习自己祖先的历史一定更真实、更有兴趣吧？然而，事实并非如此！

“把书翻到课本第78页，”鲍老师冷冰冰地说，“今天我们学习美国内战这一章。请大家阅读78页到94页的内容，并回答文章后的问题。每个人都要按我说的做。好了，读吧。课上完不成的练习，当作课下作业完成。”还用解释为什么鲍老师的教学方法无法调动学生的积极性吗？我想，一定不用了。

小结

完美的课堂状态是，所有的学生都积极主动，热情高涨，求知欲十足。但这只是我们不切实际的理想而已，真正的课堂是较为枯燥的。我们面临的挑战是什么？课堂需要我们这些老师做什么？事实上，如果我们一味期盼着学生自己能够积极主动，那么我们就像等待一艘已经迷失在大海中的船一样！其实这艘船从未在海上漂行，这艘船也根本就不存在！

记住，只有了解了学生，才能够教育学生。调动学生的积极性也属于“了解学生”的阶段，这是进行教学或学习过程的前提。换句话说，假如你在一艘船上，想在大海里钓鱼，首先要能够引鱼上钩然后才能卷起钓丝钓到鱼。所以，只有鱼上了钩，才能够钓到鱼；同样只有调动学生积极性，才能教好学生。

我们希望，本书能在你失去动力的时候，为你带来足够的力量，让学生和你一起积极热情地上好每一堂课。

课堂挑战十五
献给代课老师

面对代课老师的管束，学生们都会不由自主地放松对自己的要求，自律性降低。

课堂场景

那天的事像刚刚发生在昨天。那是我教师生涯的第一年，因为需要参加一个会议，我不得不离开一天。这是我工作之后第一次因事请假，因为之前从未把我教的七年级学生托付给其他的代课老师，我从没想过离开期间，会发生什么样的状况。对于整个班级我已经了如指掌，所以我向代课老师做了最详细的描述。而仅仅对学生们说，明天我将外出参加会议，所以会有位代课老师暂时接管他们，后天我就回来。班级已经被我管理地井井有条，学生们都了解我对他们的期望，他们也会遵守这一切，不是吗？结果证明我大错特错了！第二天我重回教室之时，便被告知——我眼中的“小天使”们竟然都变成了“愤怒的恶魔”了！代课老师声称，以后再也不会接管我的班！看着她身心疲惫的样子，我很疑惑。到底是什么造成了这样混乱的局面呢？仔细思考之后,发现自己漏过了关键的一步：我仅仅向代课老师详尽地介绍了整个班级，却忘记向学生提出要求。跟那位声称再不会接管我的班的代课老师一样，我也暗下决心：倘若以后再请假，决不让这种糟糕的局面再发生！

正例

解决方法简单易行，效果显著。下一次即将参加会议之时，我采取的方法是：

◆ 告诉学生们我将暂时离开去参加会议，需要他们帮我管理班级，照顾代课老师。然后和他们定下协议，因为我相信他们是值得信赖的。

◆ 给每位学生都安排了任务。例如，有的学生负责迎接代课老师，向她展示我办公桌上所有的办公用品；有的学生负责接管早自修；有的负责向同学和代课老师发送安静下来的讯号，这样代课老师能正常地开始讲课；有的负责向代课老师介绍并解释班级的日常流程；有的负责在同学们完成作业后，收作业本等等。我一直给他们布置任务，直到每个人都“身担重任”。甚至还有一名学生的任务是，在代课老师结束上课之后，献给老师一份小小的礼物以表示他们的感激；另外一名学生在老师接受礼物之后“带头鼓掌”。所有的学生都应该在代课老师出门之时，列队致谢。因此，一名学生的职责便是提醒大家出门列队。这样，大致的流程就规划好了。

◆ 在我即将离开的前一天，我们预演了一遍，假装我是代课老师。

学生们对这个主意欣喜不已，因为他们成了这个班的主人，他们以主人翁的姿态来照顾代课老师，各自承担责任和义务，并以此为荣。

◆ 我把每个学生的责任都列出来，人人手中一份。这样一来，所有人都知道各自和彼此的任务，还可以互相提醒，以免有所遗漏。

◆ 我们还做了讨论，万一我哪天生病不能上班，这份计划具有同样效力。所以，我们还准备了一份额外的小礼物，放置在小壁橱里，以备不时之需。

猜猜结果呢？参加完会议回到学校，我收到了一封代课老师写的信，写了整整两张信纸。她在信中说，如果我还需要代课老师，一定要联系她！接着她说到，她从未有过类似的待遇，学生们如此乐于互相帮助，合作的表现也让她非常惊讶，“您相信么？当课程结束时，每个人都为我鼓掌！在我生命中，我从未受到这样的欢迎呢！在我离开之时，每个学生都对我表示了感谢，然后把我送出教室。”学生们做得非常出色，甚至连代课老师都没有发现这一切都是我们事先彩排过的，每个人都“自然地”送老师出门，表达谢意。

学生们一见到我，便迫不及待地向我炫耀他们把班级管理地同样井井有条！这些年来，每当我请假不在时，一直在用这种方法管理班级，非常有效。当我把经验分享给其他老师，他们也都交口称赞呢！相信对你也同样受益颇多吧。

反例

反例便是没有为代课老师制定计划。即便是为代课老师制定了工作计划，但在之前，也一定要告知学生计划的内容。千万别像其他教师一样有着类似的想法，想象你不在的时候，学生们还会像“天使”一样温顺懂事，事实并非如此。在学生们变成“恶魔”之前，你应该和他们做好计划，事先彩排。倘若既没有为代课老师制定的计划，也没有给学生制定的计划，那么代课老师的代课之行就会演变成一次糟糕的吵闹之旅了。

小结

◆ 面对代课老师的管束，学生们都会不由自主地放松对自己的要求，降低自律。

◆ 如果学生充分准备了计划，排练成功，那么他们便会认真配合代课老师的工作，认真学习。

◆ 学生愿意主动达到你对他们的期望。提前对学生提出期望，给他们分配任务，确保代课老师能够体验代课的乐趣。

◆ 如果你经常性缺勤，请人代课，仍然希望学生一直都温顺懂事，不会因为是代课老师就变得无法无天起来，那么，就要给学生指定对待代课老师的计划表，带领学生履行职责。即便您离开，也同样坚信，学生们会好好管理班级，他们如同插着翅膀的天使，班级的环境如同天堂般安静、和谐。

教学实战心得

教学实战心得

教学实战心得

教学实战心得

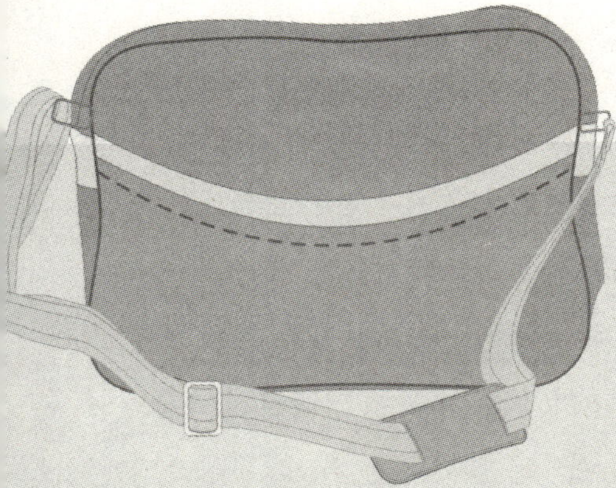

老师篇

如果我只需看待别人，无需正视自己

那将是多么美好，我知道我会是名出色的“知心大姐”

其实正视自己并不容易——事实上，是非常困难的

大家都知道，给别人提意见非常容易——而且我很擅长

但是，我并不总能听取自己的意见，尽管我知道自己的意见是正确的

因此，从今天开始，我要直面镜子中的自己，回忆过去自己的行为

我不再只看到别人的缺点，而应该努力弥补自己的不足

安奈特·L.布鲁肖

课堂挑战十六
有效地制订计划

在新年伊始，我下决心制订一个计划

新的一年里一个全新的计划

可是制订计划的念头总是中途搁浅

计划没有成型

我头绪全无，也没有始终坚持

做事情首先要有计划

然后严格按照计划去实施

安奈特·L.布鲁肖和伊丽莎白·布鲁瑞克斯

课堂场景

每年，学校里所有学习社会科学的学生都要做一项作业，向社会科学成果展览会申报项目。每年老师甲的学生在展览会中，申请成功的人很多，而且乐于参与项目申报的学生数量也远远超过其他老师。

学生完成的项目中很多还获得地区性、甚至国家级的奖项，这些都是巧合还是精心准备的结果呢？

接到今年的项目申报的通知后，老师甲把社科项目的申报说明发给学生。这些资料是学区里面所有学生都能看到的，上面有申请指南和申报截止日期。老师甲根据这份项目申报说明，自己制定了一份“项目申报细则”，详细描述项目的各个环节应何时完成。按时提交相应项目内容会得到加分，提前提交的同学还会得到额外的奖励。老师甲还深知榜样示范的作用，她和学生们分享上届学生参与项目申报过程的录像。在这些视频录像中，学生们介绍着他们的项目，以及引导他们取得成功的因素。观看去年成功学生的视频，不仅让学生明确了努力的方向，对他们来说也是一种巨大的鼓励。除此之外，老师还和学生进行一对一谈话，讨论项目的可行性及进度。老师给学生提出建议并指导他们，但并不越俎代庖、亲力亲为。学生每提交项目的一个部分，教师都在自己制作的细化进度表上打钩，这样学生可以看到自己所得的分数有一个逐渐累积的过程，激励他们继续努力。如果学生延迟提交，分数会相应减少，同时老师会通知学生家长，目的是督促学生按照计划完成当天的任务。

正例

与单纯的完成作业不同，学生将这次项目申报视为一个逐步走向成功的过程。此外，再加上老师给予的巨大慷慨支持作为后盾，也难怪最好的项目总是出现在老师甲的班级里了！

这样的方式需要老师甲做更多的工作，倾注更多的心血吗？当然需要了！这样做值得吗？问问老师甲，答案自然揭晓。事实上，不用亲自去问，你也已经知道她会怎样回答了。有句谚语称："不善计划者，垂败不远矣。"在课堂教学中也同样如此。良好的课堂效果需要课前合理的计划，没有其他捷径可走。那些认为计划是轻而易举的人，一定没有过当教师的亲身体验。制定合理的教学计划不是件轻松的事。但是，优秀的老师都知道若省去计划这一环节，课堂教学效果注定不令人满意。

试想一下，一次缺乏完备计划的家庭度假。你已坐在车里整装待发，却发现行李还没有收拾妥当，不知道目的地为何处，没带地图，没带足够的钱，甚至车里的汽油也不多了！这样的旅行怎么可能令人满意？当然，也许你足够幸运，每件棘手事都能顺利解决。可是事实上，合理的规划会使旅行更加顺利。多带点钱也没关系吧？除非你准备在旅行途中一路打零工……

这个道理在课堂教学中同样适用。课堂上的即兴发挥永远没有周密计划的教学效果好。道理就是这么简单，课堂设计是教学中最难的一部分。这需要花费时间，付出耐心，懂得进行有效教学的要领，对具体学生群体和班级的学习需求有深刻的了解，在教学中应用创新思维把握有度。有经验的老师会告诉你这项工作极具挑战。如果课堂设计合理，那么教学过程中将其乐融融，进展顺利。如果设计不当，那么课堂教学的过程会让你如坐针毡，狼狈不堪。一直在想下一步做什么，杂乱无章，混乱不堪，这样的课堂对老师和学生来说都是一场噩梦。

反例

为了让大家了解课堂教学里低效的做法，让我们一起看看老师乙是怎么做的吧！我们都遇见过老师乙这样的老师。也许她曾教过我们，也许她就在我们隔壁班教课，也许我们自己的孩子正在她的班里“备受折磨”。正如老师甲，老师乙也收到同样项目申报的通知，老师乙的学生在一周之后才收到这份资料。显然，老师乙没有特别重视这件事，因为她认为学生们注定在项目申报上没什么建树。这么想有什么不对吗？

第二周，老师乙开始分发项目申报资料，指导学生通读一遍后，告诉他们这项活动是要考核打分的，然后就对活动不管不问了。直到申报截止日前的一周，她可能会再向学生们提起这件事。显然，如果没有学生提交项目申报表，或者提交的项目只是应付了事，老师乙对学生懒散马虎的学习态度表示极度失望。

然而，老师乙总有理由解释，为什么老师甲的学生表现得如此出色，而自己的学生却总表现不尽如人意。请记住，理由是老师甲每年教的学生都是天资最好的！

小结

成功的老师都是成功的规划师。成功的老师深知，不做计划，肯定不能引导学生成功。教师这个行业，容不得拖延者。准备好明天的课了吗？还没准备好的话，赶快把书放下去备课吧！

课堂挑战十七
管理课堂时间的智慧

事实：时间管理的关键在于“管理”。管理不好时间，时间就要来管理你。想要探寻关于时间的终极奥秘，可以去读一读爱因斯坦的时间相对论。如果你早已淹没在忙碌的教学之中，无暇阅读，请看看下面的课堂挑战，相信我们可以助你一臂之力！

课堂场景

上课铃已经响起，老师甲没注意到，学生也没有注意。一些学生在教室里，但大都不在自己的座位上；一些还在走廊里晃荡；还有一些正准备逃课。（还有些同学正透过窗户看老师乙上课——这是多么大的教学失败啊！）老师甲在走廊里朝那些远处的同学大喊，教室里突然打成一片。老师回到教室开始整顿纪律，那些在走廊里的学生慢悠悠地朝教室走去，因为迟到也不需要受什么惩罚。老师又去走廊上喊学生，这时教室里又乱了。珍妮把书砸向特拉维斯，说特拉维斯诬陷她，她并没有从书桌里偷走他的铅笔。

课前活动在学生看来就是一件没有意义的事情，从投影仪上抄成堆的笔记。几个学生喊着说，看不见投影上的字。还有几个把笔记本弄丢了。特拉维斯还没找到铅笔，刚才被书打了一下，现在还觉得大脑晕晕的。

时钟依然滴滴答答地走着，宝贵的时间就这样浪费了。这只是一节课的开始。无需详细描述，你也能想象班里接下来混乱的场面了。还有一点需要补充，这个班总是提前几分钟下课去吃午饭。毫无疑问，老师甲在开学上课时，并没有向同学明确学校的规定。

现在我们再来看看老师乙的课堂，谢天谢地！上课铃响起时，老师乙已经到教室门口了。所有的学生都到了。他们马上开始准备课前活动，这是老师精心设计的活动，目的在于让他们对今天所学课程感兴趣。可以看到墙上有一个《迟到记录表》，每个学生的编号都在上面。号码旁边记录的"X"用来说明学生迟到的次数。如果一个学生有三个以上的"X"，他就要到办公室接受惩罚，这是学校的规定。老师乙从一开始就依据学校规定来奖励或惩罚学生，所以同学们都知道迟到有什么后果，因此很少迟到。老师乙也从不在走廊里大喊。相反，她只是向学生讲明学校的规定，然后严格依据它们行事。

老师乙还让每个学生把一个文具盒放在班里，这样就不会把时间浪费在给学生准备文具上面了。课前活动（与一天的课程有关）非常生动有趣，也激发了学生的创造性思维。活动之间衔接得也非常好。先是由老师做示范，接着学生积极参与。这已形成了一种惯例了。学生们通过观察和亲身体验来学习。哇，这简直棒极了！

这个班有时都觉察不到下课铃声响了。他们忘我地学习，常常忘了看下课时间。班里可以经常听到有人说："下课铃响了吗？"

下课铃响了，一节课结束了。同学们纷纷跑出教室。有些在等朋友，有些在更衣间里玩耍，有些估计又遇上什么麻烦了，还有一些正急匆匆地赶往下一个教室。为什么他们的下课表现如此不同？答案显而易见，一些是去上甲老师的课，另外一些则是去上乙老师的课。

正例

学生们急匆匆赶往下一个教室以便能按时到达，等待他们的是像乙老师一样的老师。他们得按时到达教室，这非常重要，要是迟到了可能就错过了什么。这些老师早已制定了迟到的管理办法，并依照管理办法行事。不仅如此，他们对课堂上的每一分钟都计划好了。可以想象到。

课前活动也绝不是用来浪费的。它是新课程的导入，形式多样，意义重大。学生们明白他们在上课头几分钟做的这些活动，有利于接下来课程的学习。也正因为他们知道有多么重要，所以都积极地参与。

反例

没有教学计划，不按规章制度管理，没有驾驭好前面课堂上的每一分钟。没有时间观念！

小结

除非老师积极有效地按制度管理，精心制定课堂教学计划，否则时间管理将无法实施。毫无疑问，要严格执行班级制度，班级管理起来将如同一台运行良好的机器，非常得心应手。因而不仅能够有效地管理好课堂时间，实施起来还很容易。这很好理解。要是学生从进入教室的那一刻起就知道他们应该准时上课，那么课堂教学活动就能立即毫不耽搁地有效进行。

可是为什么不是每个人都做到呢？

课堂挑战十八
态度决定一切

停止抱怨

停止抱怨虽然无法阻止倾盆的大雨

然而，却是聪明的做法

停止抱怨可以改变你的心情，走出阴霾

调整你的态度，相信自己可以在任何狂风骤雨中生存

安奈特·L.布鲁肖

课堂场景

又是漫长无聊的一天。威尔森老师公布了没来上课的学生名单，没有约瑟夫·琼斯。威尔森老师心想："只要他今天一出现，我一定得给他点厉害瞧瞧！"心理上，她已经做好了对付约瑟夫的准备。令威尔森老师没想到的是，这一切比她预想的发生得还早。

给约瑟夫上第一堂课的老师今天没来，所以他被安排到威尔森

老师的班上第一堂课。往常，第二堂课才是威尔森老师的课。威尔森老师心想：这下我可怎么受得了，我不能再忍了，不是他走就是我走……

“把这张课桌拉到墙角，然后坐下，”约瑟夫一进教室，威尔森老师就指着面前的桌子要求他，“对着墙坐，不许转过身来，不然就直接到办公室去！班上三十名同学都想好好听课，你可别扰乱了他们！”

当着这么多同学的面受到指责，约瑟夫当然要挽回些面子。他开始回击老师：他从威尔森老师跟前一把拉起课桌，拖到了教室的角落，撞到很多同学的脚，故意制造混乱。然后，他把书包扔到地上，重重地坐到椅子上，面墙而坐，脚不停地踹墙，这些是他惯用伎俩。但他确实也是按老师说法做的。老师只让他把课桌拉到墙角面墙而坐，并没有具体说该怎么做，约瑟夫非常擅长钻老师的空子。

整堂课正如威尔森老师所料，约瑟夫不断做小动作，一会儿站起来，一会儿冲别人招手，不停地扰乱课堂。威尔森老师除了不停地批评约瑟夫，也没有什么其他办法。虽然约瑟夫表现得很糟糕，我们却不能否认，是威尔森老师开了这个头。

正例

试想一下，如果威尔森老师没有提前设计让约瑟夫颜面尽失，而是设计一番让他赢得尊重的场面，虽然这确实不容易做到，因为威尔森老师了解约瑟夫的一贯表现，总“期待”着他表现最坏的一面。（见“课堂挑战八”，“请你期待我们会越来越好，否则我们就会表现出最糟糕的一面。”）

如果希望让约瑟夫表现好，首先威尔森老师要对他友善一些。有时，要展示出我们友善的一面需要我们调整好自己的态度。如果威尔森老师调整一下态度，她应该这样做：

“约瑟夫，早上好！今天能给你上两堂课我真是很高兴。本来你不该来这里上第一节课，所以我想你能不能帮我做点事。最近，你做事很认真负责，帮我把这些文件装订起来分好类，好吗？我先告诉你文件都放哪了，然后我给学生上课，你自己做这些事就行。需要什么举手就行，我会尽量满足。谢谢你了，约瑟夫。真幸运，能找到你这么负责的学生帮我。我一定要给你妈妈打电话，告诉她你今天帮了我大忙！”

不管哪个学生，不管他们之前表现有多差，如果你都对他们这么和颜悦色，他们怎么还会不好好表现呢？威尔森老师应该敞开教室的门迎接约瑟夫，让他帮自己做事，而不是让他惹自己生气，随时想冲他大发脾气。有时，我们需要用说话的艺术来掩饰实际的心情……

反例

显然，威尔森老师的态度和方法没起到好的效果。这些举动不仅没有阻止约瑟夫的不良行为，反而激起他的叛逆行为。老师“期待”的是他最差的表现，而他自然也没有令老师失望，向老师展现了自己最差的一面。请记住，学生不会知道我们是不是在掩饰自己的态度，我们怎样对他们，他们就会怎样对我们，就是这么简单。

小结

你的态度决定了学生的态度。我们希望学生用什么态度对我们，我们就要用这样的态度对待他们。常言道，我们决定不了周围的环境，却可以决定自己的态度。老师是世界上最好的演员，每天我们都能拿到奥斯卡奖。我们的态度越好，学生的态度也会更好。只要学生的态度好了，我们也能更容易保持积极良好的态度。学生的态度越消极，我们就不得不让自己积极些。记住，我们老师应该以正确的态度来面对学生，不管这种态度真心与否，在处理复杂情况、对待后进生时尤为如此。

课堂挑战十九
合理控制课堂行为和反应

教师的祈祷

尊敬的上帝啊！今天，我要尽可能地成为一名最好的老师，精巧的课堂设计我已了然于心，我绝不会向学生发脾气，也不会让学生在其他人面前出丑。我乐观、开朗、勇于克服困难，愿帮助每个学生，开发他们的潜能，我的热情永不衰退。还有37秒，清晨的上课铃声就要响起，学生们就要走进教室了，请保佑我！

安奈特·L.布鲁肖

课堂场景

这所学校的七年级共有60名学生，他们被一分为二，由两名教师分别授课。在假期，任课教师已经制定最终教学方案，总体教学计划也已成形。教学计划设计得很好，学生也准备好了。今天早晨，学校召开教学会议。这意味着教师要晚上十几分钟才能到教室上课。这就是我们今天的课堂场景，从老师走进教室那刻起，这两个班的30名学生也开始实施他们的计划了。让我们来看看发生了什么？

正例

老师甲走进教室，准备开始今天的教学。她一走进教室，看到所有的学生都站着，课桌反着放，学生们全都面向教室后墙，等着老师。老师甲立刻将教材从课桌里拿出来，走到教室后面。笑着说，“今天大家想换种环境上课？好，正合我意!”之后，她站在教室后面讲完了这节课。课堂教学进行得非常顺畅，学生虽然没有说什么，但他们脸上那肯定的表情对老师来说是弥足珍贵的。这样的一天，无论对教师甲还是对所有学生来说，都永生难忘。

反例

老师乙走进教室，同样准备开始今天的教学。走进教室的那刻起，她发现所有的学生都站着，课桌反着放，学生们全都面向教室后墙，等着老师。看到这种情况，老师乙，姿势僵硬地站在那儿，绷着下巴，说到：“不错呀！——这是谁的主意？把桌子转正，所有人马上做！立刻！”学生一个个把自己的书桌转了回来，小心翼翼地不敢看老师一眼。其中有两个学生嬉笑着，满不在乎的样子。他们立刻受到了严厉的训斥，但一会儿又忍不住再次咯咯笑出声。毕竟，这可是对老师“严重的”冒犯，会受到“严重的”处罚。又回到这个问题上来了，只是这次老师用更严厉的口气问："这到底是谁的主意？"没有人回答。"我是认真的，不是在问着玩儿，你们必须告诉我是谁想出来的这个鬼主意？！现在，我再问一遍，这到底是谁想出来的馊主意？"仍然没有人回答。"好，如果你们想这么玩儿，那我们就一起玩儿。从今天开始，课间休息不许出去，直到有人承认是他做的。还有，我今晚会给每个人的家长打电话，告诉他们你们在学校里干的好事。只有这样才会让你们以后再想做这样荒唐无礼事情之前好好想想。你们的行为让我出乎意料，我对你们很失望！"这种"演说"持续了20多分钟。给学生家长打电话又花了好几个小时。同样，这么一天，无论对老师乙，还是对学生们，也是永生难忘的一天！

小结

事实上，孩子到底就是孩子——有时，他们真的不知羞耻！他们怎么想就怎么做！另外一个事实是，成年人有时也会忘记自己是成年人，完全忽视了孩子们本应该有的孩子气的举动，而陷入了和孩子们无谓的"斗争"当中。看看吧，孩子们就是在考验大人们的耐心呢！他们这样做，就是想证明他们能够掌控成年人。遗憾的是，许多成年人没能控制好他们的行为却沦为孩子们的"猎物"。孩子们赢了！他们看到了想看到的。我们难道都是说话不算数的骗子？嘴上说着教书育人，充满爱心、耐心，实际上却很容易"发脾气"。其实，这取决于我们是否能在和他人相处时控制好自己的行为和反应。优秀的老师深知一旦他们自己"失控"，就将失去对局面的控制力了。因此，他们通过学会在学生面前有效控制自己的行为和反应来体现教师的专业素质。科学研究表明：在点着火之后，继续浇油，把火扑灭的机率就大大降低，火势将很难控制。同样，如果点着火之后，不添加任何燃料，隔离氧气，去除可燃物，火很快就会熄灭。所以，把燃料放到它应该在的地方吧——比如，汽车的油箱。这样，你才能日行千里，悠然前行。

课堂挑战二十
管好你的嘴

> 太好的消息——我一刻也不愿等待
> 把它透露给他人
> 别人将如何看待这条消息，你永不会知道
> 消息继续流传
> 以讹传讹，消息的版本换了一个又一个
> 消息也失掉了原来的模样
> 但已传遍大街小巷
> 我只能礼貌地、远远地躲开
>
> **伊丽莎白·布鲁瑞克斯**

课堂场景

她被亲切地称为“每日电讯”，消息灵通得就像当地的报纸。她似乎无所不知，甚至还能未卜先知！她是讲故事高手，人人都为之着

迷，她陈述的一切总能让人铭记在心。她还非常风趣幽默，但你也要注意提防着她。

那天是老师们第一天上班（学生们将在第二天正式上课），老师们被分成小组，在图书馆里开会，负责教务的老师把一份份学生名单发给大家。老师们刚刚拿到名单，仿佛有人向“每日电讯”老师发出了“立即启动”的命令似的，她像是被充了电的马达，浑身有使不完的劲，仔细分析起每份名册，预先警告那些分配到“坏学生”的老师，提醒他们接下来九个月这些“坏学生”将带给他们种种厄运。接着，她又开始罗列这些“坏学生”的种种劣迹、他们在校的所作所为，甚至还有父母对他们疏于教育，教育不善等等。

有些老师饶有兴趣地听着，实际上，他们还不停地问问题，甚至，不管你相信与否，甚至还有老师在记笔记！

正当她说的带劲，出人意料的事情发生了。一位老师突然站起身，对着大家坚定而有力地说到：“大家先别议论了！今年不如我们改变一下思维！为什么我们不能把手中握着的名册都当作是我们喜欢的学生的名单呢？假设我们可以选择学生，尽可以选择那些我们喜欢的学生。”霎时，屋子里的每个人都心不在焉地笑了。然而，一会儿工夫，大家都对这个办法称赞不已。当然除了那位“每日电讯”老师，她刚刚还为自己的号召能力暗自欣喜，这会儿却像霜打的茄子！

正例

这位提出新颖建议的老师，应该被授予“诺贝尔和平奖”！想象我们所教的学生都是自己挑选出来；想象着如果不是这些学生们，包括那些所谓的“坏学生”，我们都会失业在家；想象着对待每一个学生都像对待我们自己一样；想象着每一位学生在我们心中都没有任何缺陷；想象着把“闲言碎语”对学生的诋毁清除干净！只要你敢想，就可以实施！不要低估思想的力量！

反例

表面看来，“闲言碎语”是一项有娱乐性、吸引力的无恶意行为，实则不然，它能带来极具破坏性的后果。作为成人，我们都深知其害。实际上，我们经常将“闲言碎语”的不良影响当作“人生哲理”教育学生。但作为教师，为什么我们就能假定自己对它免疫呢？

不幸的是，我们中很少人能坦诚地说自己从未加入制造“闲言碎语”的活动。由于某种原因，它甚至还在教育行业里发展得如火如荼。而在教育领域中，尤其是在我们发表关于所教的学生的言论时，它所带来的不利影响确是最具危害性的。

试想一下，如果我们对学生最坏的了解仅仅建立在“道听途说”的基础上，那么他们只会将最坏的自己展示出来，因为学生都会依照老师对自己的了解提升（或是降低）自己的水平。

小结

简单的道理是：任何时间发表的，关于任何人的“闲言碎语”都是不正确的，危险且有害。这些“闲言碎语”从未帮助过任何一名学生或是成人。而在课堂上，仅仅通过道听途说和闲言碎语便在心里勾勒出学生的模样，这些老师必定会失败！更为严重的是，他们也会带着自己的学生一起迈入失败的深渊。所以，请让闲言碎语在你这里止步，不要再受它的困扰！

课堂挑战二十一
做有专业素养的老师

"如果你没有喜怒哀乐，就不是一个真实活着的人。但是如果你把这些生活中的个人情绪带入课堂，就不是一个具有专业素养的老师。"

安奈特·L.布鲁肖

课堂场景

漫长一天的教学工作已近尾声，对于曼德尔太太来说这一天可真不好过。先是孩子生病，昨晚没有好好休息，早晨严重的交通拥堵使她在一个重要会议上迟到。

让人心情更糟的是，早晨第一节课上，学生对她花费大量时间精心准备的课程反应平淡，毫无学习的热情。这一切都发生在上午9点前。瞧！这就是一个老师的生活……

结束一天课程的下课铃声终于响起，曼德尔太太知道自己已经竭尽全力处理今天发生的这些事情了，此刻她身心俱疲。此刻，她还不知道校车驶离校园之前，她的教师专业素养还要经受一次考验。

曼德尔太太走出教室，径直走向校车等候点。这时，一个学生从她身边经过向校车跑去，学生跑得飞快，几乎将曼德尔太太撞倒在地。事情发生得很突然，曼德尔太太吓得叫出声来，学生没有道歉反而表现得满不在乎。另外一位琼斯老师恰巧看到了这一幕，她立即叫住了学生。曼德尔太太继续往车站走，琼斯老师严厉地批评了这位学生，以非常镇静、严厉的语气告诉学生，他的做法对老师是非常无礼的。琼斯老师要求学生向曼德尔老师道歉，学生照做了。

学生走到曼德尔老师面前，态度诚恳地认错（他知道此时琼斯老师正看着他的一举一动），学生说："刚才冲撞您，我很抱歉！"此时的曼德尔老师态度散漫，一副不以为然的表情，仿佛在说，"当然……，的确是你错了。"她耸耸鼻子，从他身边走过。这时，学生转过头望着琼斯老师，耸了耸肩，问到，"道歉有什么意义呢？"

正例

对于曼德尔太太来说，在这种情况下，最恰当有效的做法是再一次振作精神，从容面对。（这样的做法事实上是非常有必要的。）这时，哪怕是伪装，也要露出灿烂的微笑，大方地接受学生的道歉，仿佛他的道歉对她很重要。可以想象，老师这样的反应对学生来说影响何其深远。

至于曼德尔女士，她可以回到家里，向自己的丈夫倾吐不快，专业的职业女性都是这么做的！

反例

尽管我们非常同情曼德尔女士“坎坷”的一天，但是我们也应该认识到，虽然她并非故意，曼德尔夫人已经成为了孩子们的反面教材。她的做法与我们平时教导孩子们的处世态度截然相反。我们希望孩子们记住：无论在什么情况下，对待他人都要有礼貌，尊重他人。这段经历让这个孩子感受到事情真的发生时，不尊重别人、粗鲁无礼的行为真实存在。当然，曼德尔夫人并无意要示范如此恶劣的行为，但是她确实做了。她让沮丧的情绪控制了自己的行为，丢掉了作为教师的专业素养，真是个不小的失误！

学生们一直在以各种方式来仔细观察、思索甚至模仿老师们的行为。你可能不会相信，如果有一天你让学生模仿你，学生会非常积极踊跃，他们模仿得栩栩如生，足以让你大吃一惊！他们在细心观察一切！

小结

作为专业的教师，我们必须时刻表现出教师的专业素养，即使有时候你并不想这样。有时，这意味着你要强颜欢笑，但是学生看不出真实与伪装的区别。但是，他们却能感受到你是否言行一致。他们听不进去我们所说的，却关注我们所做的。做一位有专业素养的老师，就要做符合专业素养的事，学生们拭目以待时刻观察着我们呢！

课堂挑战二十二
享受教学

如果我们能享受我们所做的事情，我们能做的更好，相反，我们会做的越来越糟——这是一条亘古不变的真理。

课堂场景

西蒙老师每天都充满热情地在走廊等着来上课的学生，他面带微笑和学生一一打招呼。走廊的对面，卡尔顿老师站在教室门口，她神情严肃好像一点都不高兴的样子。西蒙老师的学生课业繁忙，收获颇多，学习进步很快，而卡尔顿老师的学生刚好相反。西蒙老师的课堂气氛活泼，卡尔顿老师的课堂一片凝重。碰巧的是，两位老师都是19年前来到这所学校的，他们一教就是19年。

西蒙老师每次和同事说话都乐观开朗，即便遇到不幸的事，他也乐于接受来自学生的挑战。卡尔顿老师则相反，她总是情绪消极。私底下同事都叫她“老古板”。所有与她打过交道的学生、老师、家长和学校领导都离她远远的。据说有人听到她说过这样的话：要不是这些该死的学生，她早就能……了。（其实，如果不是这些“该死的学生”，她早就下岗了！）

每次学校有事，西蒙老师都很热情地主动帮忙。可是，每当需要卡尔顿老师帮忙，她都用威胁的口吻说要找律师投诉学校，因为她觉得那些事与教师职责无关。两位老师的对比很鲜明。为什么在同一所学校，教同样的学生，相处的同事相同，工作时间也相同的两位老师会有这么大的差别呢？但事实就是如此，并且这种情况在许多课堂上都存在。

19年来，西蒙老师每天面对工作都兢兢业业。19年来，卡尔顿老师每天面对工作都是牢骚满腹。

正例

西蒙老师之所以事业成功主要是因为他热爱教学事业！很多年前，他就立志从事教育工作，他十九年如一日地工作。他爱他的学生，也热爱他的工作。若要西蒙老师谈谈对工作的看法，他会告诉你，能从事自己喜爱的工作是他的幸运，他收获了很多。而卡尔顿老师会说她的付出与回报不成正比！

反例

卡尔顿老师不是她工作的牺牲品，也不是她学生的牺牲品。其实，她是自己的牺牲品！不管是什么理由，她不喜欢教学工作，这不是她的错，毕竟她不适合做老师。但错就错在，她做着自己不喜欢的工作，而自己的负面情绪影响了别人。更严重的是，她自始至终这样带着负面情绪为学生树立榜样、为学生传授知识、激励学生并指引学生。19年来，她未能完成使命，未能履行职责。年复一年，她变得越来越爱发牢骚，日复一日，学生也越来越痛苦。

小结

作为教师，这个职业是我们的选择。我们申请了这份工作，通过了面试，签订了合约，并承诺要尽守职责。作为教师，我们不应该是工作的牺牲品。我们选择了日复一日、年复一年的教学工作。我们可以自由选择从事别的工作。如果我们热爱目前的工作，就能做得更好。如果不喜欢，我们只会做得越来越糟。学校不是呆板、牢骚满腹的人的避风港。

既然选择了教学，就要热爱这份工作，付出我们的心血，呵护好学生。学生要靠我们来获取知识，不能让他们失望。

教学实战心得

教学实战心得

教学实战心得

教学实战心得

学校篇

黄金法则

己所不欲，勿施于人

认真倾听，不要强迫别人行事

对他人温柔和善，他们会以同样的方式对待你

安奈特·L.布鲁肖

课堂挑战二十三
如何对待学生家长

真相一：家长对老师的看法很大程度上取决于孩子对老师的看法

真相二：如果老师学会用专业、机智的方法来与家长相处，他们之间成功交流、合作的可能性将大大提高

真相三：即便家长在极度愤怒的情况下，如果老师还能保持冷静，他的怒气也会逐渐平息

课堂场景

学校里一直传言说，迈克手脚不干净，经常有小偷小摸行为。只要有他的身影出现，总有东西会神秘消失。据说丢失的物品，都是迈克“偷”的。整个学校，从上一年级开始，一直到五年级，迈克都被扣上了“小偷”的罪名。现在，迈克刚刚升入六年级，卜老师（专门捕捉学生缺点的老师）是他的新老师，她不仅对所有关于迈克的传言

了然于心，甚至在迈克来之前，她就开始四处“宣传”了，决心要做“神探科伦坡”！于是，卜老师这位“义务警察”开始上岗啦！自从迈克进入班级的那一刻起，卜老师就开始了极其耐心的侦查和等待过程，因为她坚信，自己的付出总会有“回报”的！

不出意外，迈克终于出状况了。一天下午，德尼斯过来跟老师打报告，迈克从她的书包里偷走了一部计算器。与此同时，几名“证人”自愿为德尼斯作证，然而实际上，他们根本没有亲眼目睹这一过程。卜老师很快行动了，有了受害者，证人证词，她很快“将嫌疑人缉拿归案”了！当着全班同学的面，卜老师严厉谴责了迈克的偷窃行为，迈克当然拒不承认这一切！卜老师大声斥责，迈克大声为自己辩护，他们之间争吵地愈来愈激烈。最终，对迈克的惩罚尽管不重，但却很严厉。根据卜老师得到的详细却无法证实的证据来看，迈克是“罪有应得”！

第二天，迈克的妈妈要求与卜老师见个面，她急切地要为受害者迈克辩护，坚持自己的观点。让我们听听她们之间的对话吧：

迈克的妈妈（气势汹汹地冲进教室）：我想跟你谈谈我儿子迈克的事，谈谈你对他的所作所为！

卜老师：我做的什么事？我倒也想跟你谈谈迈克的事！

迈克的妈妈：迈克告诉我，你在全班同学面前污蔑他偷东西！你甚至都没听听迈克是怎么说！

卜老师：他怎么说？他有什么好说的？他偷了德尼斯的计算器！

迈克的妈妈：你有证据吗？

卜老师：即使我有证据，对你来说也没什么意义，你肯定会为自己的孩子辩护的，就像你现在的行为，在你眼中，你的孩子是没有缺点的。

迈克的妈妈：我倒是要让你看看到底是谁错了，我要把这件事反映到学校董事会！

卜老师：尽管去！想去哪儿告就去告吧！不过，几年之后，如果迈克因为盗窃而坐牢，千万不要来责怪我没好好管教他！

现在，我们都非常想知道，当时教室里到底发生了什么。迈克有没有偷那部计算器呢？没有人知道。就在此时，迈克又被牵涉到另外一件类似的“偷窃案”里，这一次，他的老师是史老师（追求事实真相的老师）。继续读下去，你会发现相同的场景却有不同的结尾。

正例

我们从家长与老师会面的一幕开始，因为教室里发生的事情在他们的对话中有详尽的描述。这一次，见面的双方是迈克的妈妈和史老师。

迈克的妈妈（气势汹汹地冲进教室）：我想跟你谈谈我儿子迈克的事，谈谈你对他的所作所为！

史老师（以柔和、平静、职业地口吻答道）：好啊！很高兴能和您讨论迈克的问题，那您想谈些什么呢？

迈克的妈妈：你说他偷东西！

史老师：迈克是这么跟您转述的吗？

迈克的妈妈：正是他告诉我的。现在你还打算为自己开脱？

史老师：好的，首先我想说，您如此关心迈克，让我深感钦佩。我想告诉您的是，即使今天我们之间的谈话可能会不欢而散，但是您作为一名家长对子女如此关爱，让我感到很尊重。

迈克的妈妈：呃……谢谢。

史老师：在我开始说明情况之前，我想让您先看一看迈克写的东西。（她拿出了一张纸递给了迈克的妈妈，上面写明了迈克自己“供认”偷走了苏珊的糖果。）

妈妈（吃惊地读完了这些）：啊，这个小骗子！他没有告诉我这些。

史老师：需要跟您解释一下，如果您有任何疑问，随时可以打断我。昨天，就在糖果分发结束后，苏珊告诉我迈克拿走了她的糖果。这自然是苏珊的说法了，所以为让迈克证明自己的清白，我私下跟迈克聊了一下，告诉他苏珊的话，然后让他写下事情的过程。当时，我让他独自去写，事先我也告诉他，如果他能诚实地坦白这一切的话，我会非常感激，尽管这样的坦白也意味着承认自己犯的错误。您刚刚读到的，也就是他昨天写下来的。所以，我们决定，对迈克的惩罚包括三项内容：一，返还苏珊的糖果；二，向苏珊认错并道歉；三，让妈妈了解真相，并写下整个过程给妈妈了解。我想，一定是他忘记给您看这个纸条了……

迈克的妈妈：真是很尴尬，他真的没有给我看这张纸条。如果我看到，决不会再过来跟您理论的，真是抱歉！

史老师：千万不要感到抱歉，真的很高兴能见到您。以后我很期盼能与您一起努力，找到让迈克健康成长的最好的方法。您能抽出时间来到学校，对此我非常感激！

现在，我们来看，不管是对待迈克还是他妈妈，史老师在处理这个事件时，都是非常职业和有成效的。“偷窃”行为发生伊始，她就选择倾听了双方的辩词，继而极其公平和机智地处理了整个事件。因此，在迈克的妈妈来“兴师问罪”时，史老师就做好了应对的准备。还应注意到的是，史老师在消除迈克妈妈怒气的问题上，很有自己的方法。即使是史老师拿出证明迈克偷苏珊糖果的“证据”，如果她用这个证据反驳了迈克妈妈的质问，那么这次与家长的会面很可能就会演变成一场争吵，最后不欢而散。然而，她却没有，史老师一直保持着平和和职业化的态度，最终迈克妈妈的所有恶意都消失殆尽，与家长的会面也取得了成效。

反例

在卜老师的班级，不管迈克是否“有罪”，老师处理这件事的方式都非常错误。刚开始时，她从未试着去证实，迈克是否真的偷了同学的计算器。让事态变得更糟糕的是，她又和迈克的妈妈发生了争辩。在这一点上，事情不会好转，只会越来越糟。最终，她成功地让迈克成为所谓的“小偷”，和迈克妈妈势不两立。令人悲哀的是，以后她再也没可能让迈克“改过自新”了。

小结

遇到类似事件，在处理与家长、与学生的关系时，必须采取冷静专业化的方式。当家长怒气冲冲地来与教师理论时，让他们“畅所欲言”吧！倾听他们的声音，教师会得到很多信息。总而言之，不要摆出一副防御的姿态。要让家长知道，我们很欣赏他们能讨论这件事，并感谢他们的关心。很快，怒气会变淡，然后，教师和家长可以一起协作，共同解决学生身上出现的问题。极为重要的是，要一直保持“公平与机智”。一副“抓住缺点”的心态只能“火上浇油”！请记住这一点：“神探科伦坡”是看事实真相的！

课堂挑战二十四
如何与学校领导相处

“我发自内心地热爱我的工作！我力求做得更好，让老师和行政管理人员之间的交流畅通无阻。如果老师们因为新的办公程序、行政指令等等感到不适，他们会来找我咨询，寻求解决的方法！但是，如果老师们总是跟旁人抱怨，我就永远不会知道问题出在哪儿。如果我不知道事情进展得不顺利，就没办法改进！”

朱迪·施朗特，中学副校长

课堂场景

今天是老师们上班的第一天。第二天，学生就要到校上课了。按照惯例，这一天大家都会非常忙碌，有限的时间里需要完成大量的工作。

全体老师都在图书馆集合。学校领导宣布会议开始，会议议程依旧冗长枯燥，一叠叠重要的文件分发到每位教师手中。其中，最令人感到厌烦的值班表自然地被放置在所有文件的首页。老师们迅速翻阅着长达数页的工作计划安排，在心中默默祈祷，希望今年学校领导对他们的安排比起去年仁慈一点。

此时，在图书馆里随处可以听见如释重负、解脱般的叹息声和小声嘀咕的抱怨声。“我被安排到自助餐厅值班！”一位老师面带喜色的说道，“第5节课时，还不知道我要吃多少东西呢！”“我被分到小花园，夏天太热，冬天又太冷。”另外一个老师说。“我又被分到洗手间！”第三位老师咆哮道。“显然是有人要跟我过不去！”“我真希望我们也可以轮岗，而不是像现在这样每年都被分配到同一个岗位。”另一个老师说。“另一个学校实行过的。可我们这儿却没有尝试过，修改值班表确实要花费很多时间。”

所有的人都只顾着完成分给自己的日常任务。他们会抱怨修改后的值班表。然而，没有人敢于和学校领导进行沟通以寻求解决方案。他们只是不停地责备管理者没有考虑老师们的要求，这种态度使那些原本认为自己工作得很愉快的人感到不快。（难道你不憎恶这样的态度吗？）尽管老师们情绪沮丧、抱怨连连，学校领导却根本不知道发生了什么，问题出在哪里。

正例

事实上，希望找到解决问题方法的这位老师可以扮演发言人的角色，作为联系的纽带和学校管理者进行沟通，开诚布公地说出自己对问题的考虑和想法。成功的管理者深知，一名快乐的员工是有独特想法并且工作高效的人，他这种积极的态度也会在课堂教学中感染学生。

反例

老师们在学校领导的背后抱怨教师值班安排——也只是私下说说而已，这种行为是徒劳无益的，一切都不会因此而发生丝毫改变。这种“背地里的抱怨”只能加重自身的沮丧和对他人的憎恶，很快问题就会像滚雪球变得越来越严重。很多老师甚至并不认为，不主动向上一级领导反映情况本身就是一种问题，直到“问题”发展到无可救药的时候，才引起他们的注意。在此之前，他们一直认为自己没有问题需要解决。

小结

交流能够驱散彼此间的疑虑。恰当的交流会使事情进展顺利。请记住即使我们向恰当的人表达了对某个事件的忧虑，也不一定总能得到我们期待的结果。然而，与领导沟通，让我们从一个更恰当、专业的角度来接近事情的本质，有助于我们理解某项决定做出的背后原因。我们不可能总是意见一致，却可以求同存异。这才是具有专业素质的教师应该做的。每当遇到问题的时候，他们努力去寻求解决的方法而不是揪住问题不放。一旦他们找到解决问题的方式，他们会以具有教师专业素质的方式呈现给学校领导，就这么简单。

事实上，在任何一所学校，许多老师花费了大量的精力用来赢得学校领导的关注。然而，多数老师90%的时间都是在远离校领导的课堂环境中度过的。所以把如此多的精力花费在并不频繁接触的校领导身上绝对是一种浪费。努力把精力节省下来，用在值得的地方吧！教师值得投入精力的地方是哪里呢？ 当然是课堂上！

课堂挑战二十五
如何应对意见相左的同事

我投机取巧，走了捷径，尽管知道这样做不对

朋友们一直关注着我，他们不认同我的做法

于是，他们好好给我上了一课，把精神萎靡的我敲醒

让我看清自己的错误

接下来，我踏上了“少有人走的崎岖小路”，这条路的路标指向成功

在路上，我意识到这条路蜿蜒曲折、障碍重重

那些与从前的我一样走捷径的人，在这条小路上为我设置了许多路障

他们不想看到有人参加自己不敢参与的比赛，并最终赢得胜利

但是，我参加了，胜利了

现在，我被信任我的人称作“真正意义上的专业”

伊丽莎白·布鲁瑞克斯

课堂场景

詹姆斯先生是一位造诣很深的教师，他拥有多年教育“后进生”的经验，并且在这方面成就斐然。他教的学生总是最难教的，但是在他的悉心指导下，他们几乎从未因纪律问题被惩罚。他的学生们也都很成功，其中很多学生还是第一次品尝成功的滋味。他坚持自己对教育的高标准，从未动摇。他坚信教师应当改变学生现有的状态，引领他们向未来需要的样子转变。他从不为自己和学生找借口，对他而言，任何借口都是不能容忍的。他深受学生、老师、家长和校领导的爱戴。詹姆斯先生是我们最想成为的那种老师。

有一天，他不幸地开始了和一位老师的谈话，这位老师被大家称为“借口专家”。詹姆斯先生发现仅仅谈了几分钟，这位老师就三次自讽为“垃圾处理厂”。她坚持认为自己教的学生就是这样，没有学习热情，从不认真学习。她还向詹姆斯先生解释说，“对这种角色她已经习以为常了，在以前的学校，她也扮演着垃圾处理厂的角色。”她还说，她已经给坏学生列了一个黑名单，在课上时不时给他们点颜色尝尝。

她并不相信詹姆斯先生对她的这套理论绝不认同，詹姆斯先生还不能向她透露自己的真实看法，这真是很难做到呀！在这种情况下，还能正常做事真是极具挑战。那么该说什么才对呢？你会因为害怕被对方误解而说些什么吗？詹姆斯先生没有表露自己的真实想法。（事实上，他对制作学生黑名单的行为很震惊，况且这些老师还有胆量公开承认这件事！）他牢记着自己的价值观，淡淡地说：“老实说，您的观点我不敢苟同，我热爱教学事业，也爱我所有的学生，教书这么多年，我从未遇到过一个坏学生。很遗憾您的经历与我不同。说到学生，请原谅我要先走一步，我要回教室了！”这位“垃圾处理厂”老师毫无防备地站在那儿，十分挫败，詹姆斯先生以一种最好的方式浇灭了她的嚣张气焰。

正例

很多时候，我们没有办法躲开那些没有专业素质的老师，我们有可能每天和他们一起工作。（专业的老师能够平静地接受这个事实，尽管这个事实让人很难接受。）我们周围有这样的人，和他们一起工作，我们甚至可以远远地就认出他们。他们往往不善于安排课堂教学，在课堂上给学生设置各种严苛的“规矩”，他们不善于设计有效的课堂教学，却擅长把责任归咎于学生、家长、领导甚至其他老师。他们坚持认为每年都被分到素质最差的学生，坚持认为，如果不是这些学生太差，他们完全能做个好老师。

事实上，无论是学生，还是人类本身都是受环境影响的。孩子的行为方式与老师教授的内容密切相关。假如一名学生在这个班级态度积极、成绩优异，而在另一个班级却不这样只能说明他是受到环境影响，而环境的差异在于老师的不同。

经验丰富的老师认为和那些没有专业素养的老师为伍十分尴尬。和他们交谈起来最困难的是你不能直接告诉他们对不恰当行为的真实看法。

事实上，为了一个不喜欢孩子，同时又缺乏职业修养的同事，丧失自己的职业素养是非常不值得的。因此，詹姆斯先生的做法是有效的。他处理的方式是不参与、不赞同。这正是一个具有专业素养的老师应该做的。可以肯定的是，这个老师再也不会去找詹姆斯先生询问他的意见了，因为她认为詹姆斯先生是个“死脑筋”。

反例

和没有专业素养的同事对话，屈从于他们的观点，这样做是不对的。就好比火上浇油，给这种缺乏专业素养的想法更大的生存的空间。遭受不幸的人需要同伴，在职场上遭遇不顺的人也需要同路人的安慰和支持。他们试图为自己的不幸遭遇寻找正当的理由，然而并不去从自己身上寻找原因。一旦别的老师同意他们的说法，他们为教育事业所做的“牺牲”就这样被肯定了。每次有一位老师盲从错误观点，都会使学校的环境变得越来越缺乏专业精神。

小结

任何不具有教师专业素养的行为不仅是无效的，而且是有害的。这样，我们会失去使自己脱颖而出、与众不同的机会。其他不具备专业修养的同事把自己定位为“牺牲品”，我们的盲从会使我们丧失专业精神。如何以教师专业的方式应对意见相左的同事，正是对我们自己是否专业的考验，你准备好迎接挑战了吗？

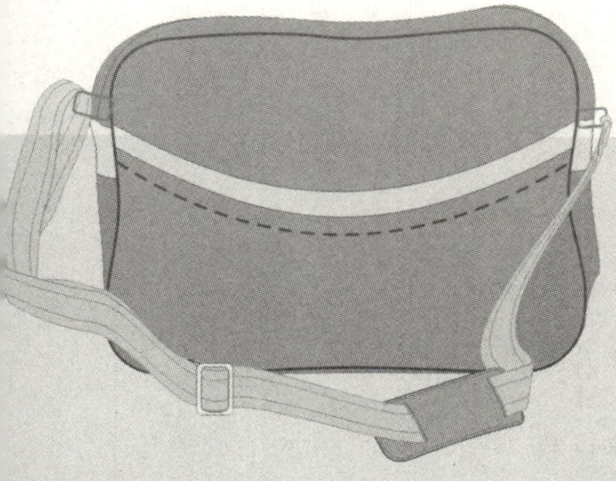

尾　声

她每天都会叫到我

她喜欢微笑

她总是精神抖擞

她教我该如何做

她鼓励我自己尝试

无论什么事情，她都愿意帮助我

对于我取得的任何进步，她都毫不吝惜地表扬

她经常当众赞扬我

她甚至会感激我

在我离开学校的那一天，她哭了

那是我三十年前的一位老师，一位令我永远无法忘怀的老师

伊丽莎白·布鲁瑞克斯

教育，我把青春献给你

只有我——老师，才能让学生在教室里发生改变。作为一名老师，我应该是学生的榜样，协助学生取得成功，对我所教的所有学生产生影响。为了有效地应对课堂挑战，我必须掌控自己——掌控自己的态度、情绪、行为、对学生的期望，还有努力做到极致的决心。能被别人尊称为“老师”，我感到非常自豪，也深知自己肩上的责任重大。我知道，我必须坚持不断学习和成长，更加耐心，让学生沐浴着爱和宽容，启迪学生，让他们看到自己无限的潜能，帮助他们把稚嫩的梦想化作实际的成功。

每个学生都是一块独一无二的、需要精心雕琢的美玉。课堂上，我的职责就是让每位学生都感到安全、温暖、关爱，天赋被开发。每个孩子，无论表面如何伪装，最终都能找到自己独特的优点。我的职责就是要告诉他们，他们能做什么。

对于学生们未来的人生之路——他们会走哪条路，他们会做出哪些人生选择，我无法预见，更无法控制。我可以控制的是对待每位学生的行为和反应。老师的成功在于从每位学生身上发现他们独特的价值，这些价值常常被隐藏很深，而后帮助他们让这些价值得以发挥。

是的，我无法控制学生们未来的人生之路，但我今天的辛苦工作会让他们今后的道路走得更轻快，带着更多甜蜜的回忆，取得更辉煌的成绩……

因为我是老师，

我必须走进学生的内心，

我必须了解学生的生活。

教学实战心得

教学实战心得

教学实战心得

教学实战心得

教学实战心得

教学实战心得

教学实战心得

伊丽莎白·布鲁瑞克斯

伊丽莎白是当今教育界最具有实践经验的教育家和演说家。她曾和后进生一起相处了 24 年，坚信教师是这个世界上最富有挑战和回报的职业。她常说的一句话就是：“只有深入了解孩子，才能教育孩子。”

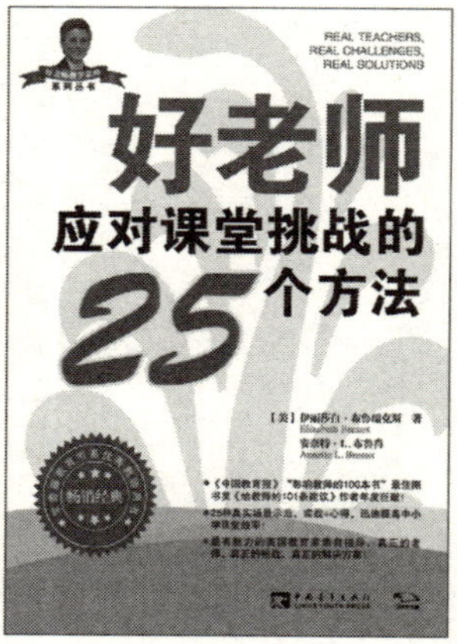

好老师应对课堂挑战的25个方法

作者：【美】伊丽莎白·布鲁瑞克斯
安奈特·布鲁肖

ISBN：978-7-5006-9937-8
2013-3　定价：25.00元

本书是美国明星教师用书作者伊丽莎白·布鲁瑞克斯和安奈特·布鲁肖共同著作的，它风趣又实用，切实改善了老师的课堂状况，出版后受到老师们广泛赞誉，成为不断再版的经典教师用书。这本书分三篇：学生篇、老师篇和学校篇。

- **学生篇——列举了15个经典课堂案例，让教师们能够真正驾驭课堂。**
- **老师篇——揭示了教师应具备的7个素养，让老师更有效地工作。**
- **学校篇——传授教师如何与学生家长、学校领导以及同事搞好关系。**

如何让学生按照你的想法做？如何对待捣蛋的学生？如何平衡家长与同事的关系？在这本精彩幽默的书中您都可以找到答案，25个方法应对课堂挑战，一本在手，教学无忧！

好老师征服后进生的14堂课

作者 :【美】伊丽莎白 · 布鲁瑞克斯

ISBN : 978-7-5006-9381-9

2013-3　定价 : 25.00元

◆ **如果你希望提升班级整体水平，不再有人拉后腿**

◆ **如果你真正想让后进生的人生从此有所改变**

◆ **如果你想获得教师这个职业最高的成就感**

◆ **《好老师征服后进生的14堂课》就是为你量身订造的!**

本书是美国著名教师伊丽莎白“好老师”三部曲，短短3年重印5次的课堂管理宝典。

这本书共分两个核心14 堂课，通过正反例子告诉我们，面对后进生，什么该做，什么不该做。

核心1 : 如何走进学生心里。本部分共分9 章，教你如何了解你的后进生，并用不同的方式走进他们心里。

核心2 : 如何对学生进行全面改造。本部分有5章，教你各种有效、实用的方法教育后进生，使他们变好。

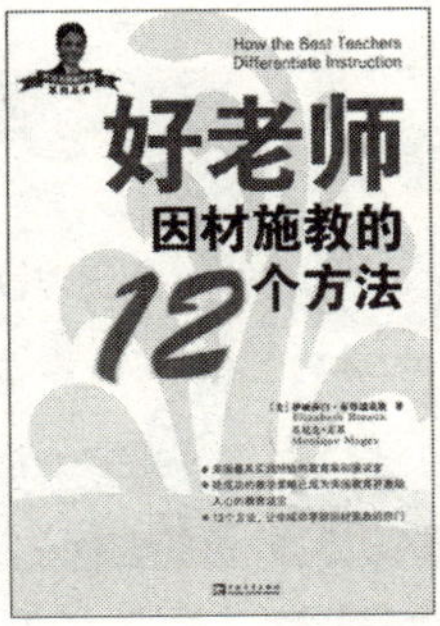

好老师因材施教的12个方法

作者 :【美】伊丽莎白 · 布鲁瑞克斯　莫尼克 · 麦基

ISBN : 978-7-5006-9484-7

2010-9　定价 : 22.00元

◆ **美国著名教师伊丽莎白“好老师”三部曲**

在中国，“一刀切”式的教学方法普遍存在于课堂中，然而，每个学生特点各异，只有建立在了解学生基础上的个性化教学才能使学生受益无穷。

我们有责任坚持不懈地寻找和发现优秀的孩子，我们也要认识到每一个孩子都与众不同。《好老师因材施教的12 个方法》致力于了解我们的学生并找到适合各个学生的教学方法，因材施教。

安奈特·L·布鲁肖

曾经从事过课堂教学工作，现在负责安排和协调学校的全部课程，同时还是全美国公认最好的、专门针对教师岗前培训项目——FIRST的负责人。安奈特的教育理念是教学的实用性和人性化，注重在与学生的接触中进入他们的情感世界，并强调情感教学与创造性教学手段的结合。主要作品有《给教师的101条建议（增订版）》《万人迷老师养成宝典》《改善学生课堂表现的50个方法》。

《中国教育报》"最佳图书"奖

《给教师的101条建议》（第三版）

ISBN：978-7-5153-4266-5
作者：[美]安奈特·布鲁肖
2016-6　定价：33.00元
上架建议：教师用书　教育培训

- **全球中小学教育经典畅销书**
- **荣获《中国教育报》"最佳图书奖"**

几乎每一个新教师都需要阅读此书，进行一次全面的职业培训；每一个老教师每隔2年都愿意再读此书，让自己获得新能量，提升前行；每一个校长都期待本校老师都成为书中描述的优秀教师；每一个家长和学生都希望每天面对的是这样充满爱心与能力的老师。

作者针对教育新动向，总结教育实践经验，增补大量新内容，全新修订改版。

改善学生课堂表现的50个方法

作者：【美】安奈特·布鲁肖　托德·威特克尔
ISBN：978-7-5006-9353-6
2010-7　定价：23.80元

◆ **畅销书《给教师的101 条建议》、《优秀教师一定要知道的17件事》作者强强联手，最新力作**

学生的课堂表现是影响学生成绩的关键因素，只有当学生的行为有所改善后，他们的成绩与各方面能力才会相应提高。

安奈特·布鲁肖和托德·威特克尔两位在教育领域备受尊重的作者及演说家，向我们分享了提高学生课堂表现的50 种技巧和方法。每一个方法都可以应用于任何年龄的学生、任何一门课程中。这本书可以帮助你提高学生的合作与参与意识，从而提高教学效率，帮助学生最终取得进步和成功！

万人迷老师养成宝典（第2版）

作者：【美】安奈特·布鲁肖　托德·威特克尔
ISBN：978-7-5153-4270-2
2016-6　定价：29.00元

◆ **美国教师专业培训经典教材**
◆ **全球教育畅销书《给教师的101条建议》姊妹篇**
◆ **入选《中国教育报》2010年"影响教师的100本图书"**
◆ **7个秘诀让你充满魔力，轻松解决教育问题**

本书告诉你：如何制定行之有效的教学计划，如何让顽皮的小鬼们乖巧听话，如何让学生积极融入课堂，如何与喜欢说闲话的同事交往，如何提升自己的专业素质，如何让学生养成自律的习惯，如何让学生感受到你的爱。

“常青藤”书系—中青文教师用书总目录

	书名	书号	定
	特别推荐——从优秀到卓越系列		
★	从优秀教师到卓越教师：极具影响力的日常教学策略（入选浙江省教师节用书）	9787515312378	33.
★	从优秀教学到卓越教学：让学生专注学习的最实用教学指南	9787515324227	32.
★	从优秀学校到卓越学校：他们的校长在哪些方面做得更好	9787515325637	33.
★	卓越课堂管理（中国教育新闻网2015年度“影响教师的100本书”）	9787515331362	68.
	名师新经典/教育名著		
	像冠军一样教学：引领学生走向卓越的62个教学诀窍	9787515343488	49.
★	如何成为高效能教师（美国最畅销教师用书，销量超过350万册，最专业、最权威、最系统的教师培训第一书）	9787515301747	68.
★	给教师的101条建议（第三版）（《中国教育报》“最佳图书”奖）	9787515342665	33.
★	改善学生课堂表现的50个方法：小技巧获得大改变（入选《中国教育报》2010年和2011年“影响教师的100本书”）	9787500693536	23.
	改善学生课堂表现的50个方法操作指南：小技巧获得大改变	9787515334783	29.
★	优秀教师一定要知道的17件事（美国当前最有影响教育畅销书作者全新力作）	9787515342726	23.
	美国中小学世界历史读本 / 世界地理读本 / 艺术史读本	9787515317397等	106.
	美国语文读本1–6	9787515314624等	252.
	和优秀教师一起读苏霍姆林斯基	9787500698401	27.
★	怎么做孩子会爱上学习（入选“21世纪中国教师必读的百种好书”，《中国教育报》“2010年影响教师的100本书”）	9787500685968	22.
	快速破解60个日常教学难题	9787515339320	33.
★	美国最好的中学是怎样的——让孩子成为学习高手的乐园	9787515344713	28.
	教师成长/专业素养		
	可见的学习与思维教学：让教学对学生可见，让学习对教师可见	9787515345000	29.
	教学是一段旅程：成长为卓越教师你一定要知道的事	9787515344478	39.
	安奈特・布鲁肖写给教师的101首诗	9787515340982	35.
	万人迷老师养成宝典学习指南	9787515340784	28.
	中小学教师职业道德培训手册：师德的定义、养成与评估	9787515340777	32.
	成为顶尖教师的10项修炼（中国教育新闻网2015年度“影响教师的100本书”）	9787515334066	35.
★	T. E. T. 教师效能训练：一个已被证明能让所有年龄学生做到最好的培训项目（30周年纪念版）（中国教育新闻网2015年度“影响教师的100本书”）	9787515332284	39.
	教学需要打破常规：全世界最受欢迎的创意教学法（中国教育新闻网2015年度“影响教师的100本书”）	9787515331591	33.
	高效能教师如何带领学生取得优异成绩（中国教育新闻网2015年度“影响教师的100本书”）	9787515328980	39.
★	10天卓越教师自我培训（教育家安奈特・布鲁肖顶尖卓越教师培训教材）	9787515329925	29.
	给幼儿教师的100个创意：幼儿园班级设计与管理	9787515330310	29.

书名	书号	定价
幼儿教师的100个创意：为幼升小做准备	9787515329130	29.90
小学教师的100个创意：发展思维能力	9787515327402	29.00
中学教师的100个创意： 何激发学生的天赋和特长 / 杰出的教学 / 快速改善学生课堂表现	9787515330723等	87.90
学生为中心的翻转教学11法	9787515328386	29.00
何使教师保持职业激情	9787515305868	29.00
何培训高效能教师：来自全美权威教师培训项目的建议	9787515324685	32.00
好教学效果的12试金石：每天都需要专注的事情清单	9787515326283	29.90
每个学生主动参与学习的37个技巧	9787515320526	28.00
分钟教师培训：卓越教师的40个快速训练法	9787515320519	32.00
效能教师的时间管理法	9787515321073	35.00
什么让学生服你（增订版）	9787500675204	26.00
效能教师备课完全指南：英国最权威的备课指导用书	9787515312361	23.80
范学院学不到的：应对学校一切的锦囊妙计	9787500679455	28.00
高学生学习效率的9种教学方法	9787515310954	27.80
秀教师是这样炼成的：用心教育	9787500672555	23.80
师一定要思考的四个问题：今天，我们怎样做教师（增订版）	9787500668565	27.90
课后来找我：资深教师给同行的建议	9787515307114	28.00
师应该做到的和能够做到的（白金版）（美国中小学教师指定培训教材）	9787500669401	33.00
秀教师的课堂艺术：唤醒快乐积极的教学技能手册	9787515342719	26.00
何成为优秀教师：英美教师职业成长“圣经”	9787500672920	26.00
人迷老师养成宝典（第2版）（入选《中国教育报》“2010年影响教师的100本书”）	9787515342702	29.00
效能教师的9个习惯	9787500699316	23.00
老师可以避免的20个课堂错误（白金版）（入选《中国教育报》“2010年影响教的100本书”）	9787500688785	21.50
师、学生和家长焦点难题解决方案（升级版）（入选《中国教育报》“2011年影教师的100本书”）	9787500672906	35.60
·上课：麻辣教师调教“天下第一班”的教育奇迹（李希贵、窦桂梅推荐）	9787500693383	29.00
堂教学/课堂管理		
学生实现成绩突破的40个引导方法	9787515345192	33.00
小学教师的100个简单的科学实验创意	9787515342481	39.00
师如何提问，学生才会思考	9787515341217	33.80
师如何提高学生小组合作学习效率	9787515340340	29.00
越教师的200条教学策略	9787515340401	35.00
小学生执行力训练手册：教出高效、专注、有自信的学生	9787515335384	33.80
高学生学习专注力的8个方法：打造深度学习课堂	9787515333557	35.00

	书名	书号	定
	改善学生学习态度的58个建议	9787515324067	25
★	全脑教学：影响全球300万教师的教学指导书（中国教育新闻网2015年度“影响教师的100本书”）	9787515323169	38
★	哈佛大学教育学院思维训练课	9787515325101	36
	完美结束一堂课的35个好创意	9787515325163	28
	如何更好地教学：优秀教师一定要知道的事（被英国教育界奉为圣经的教学用书）	9787515324609	36
	带着目的教与学	9787515323978	28
★	美国中小学生社会技能课程与活动（学前阶段/1-3年级/4-6年级/7-12年级）	9787515322537等	153
	彻底走出教学误区：开启轻松智能课堂管理的45个方法	9787515322285	28
	破解问题学生的行为密码：如何教好焦虑、逆反、孤僻、暴躁、早熟的学生	9787515322292	36
★	在普通课堂教出尖子生的20个方法：分层教学	9787515321868	29
	天天向上：中学教学问题解决手册	9787515321202	29
	13个教学难题解决手册	9787515320502	28
★	让学生爱上学习的165个课堂游戏	9787515319032	39
	美国学生游戏与素质训练手册：培养孩子合作、自尊、沟通、情商的103种教育游戏	9787515325156	36
	老师怎么说，学生才会听（白金版）	9787515312057	28
	快乐教学：如何让学生积极与你互动（入选《中国教育报》2010年和2011年“影响教师的100本书”）	9787500696087	29
★	老师怎么教，学生才会提问	9787515317410	29
	快速改善课堂纪律的75个方法（白金版）	9787515313665	28
★	教学可以很简单：高效能教师轻松教学7法	9787515314457	25.
	88种美国中小学经典课堂教学活动	9787515314419	32.
★	好老师应对课堂挑战的25个方法（珍藏版）（《给教师的101条建议》作者新书）	9787500699378	25.
	快速调动学生参与的99个方法（被誉为美国调动学生参与最有价值之书）	9787515317069	31.
★	好老师激励后进生的21个课堂技巧	9787515311838	23.
★	开始和结束一堂课的50个好创意	9787515312071	19.
	培养高情商学生的7堂必修课（新版）	9787500686088	28.
	好老师因材施教的12个方法（美国著名教师伊莉莎白“好老师”三部曲）	9787500694847	22.
★	如何打造高效能课堂（美国《学习》杂志“教师必选”奖，“激励教师组织”推荐书目）	9787500680666	29.
	合理有据的教师评价：课堂评估衡量学生进步	9787515330815	29.
	班主任工作/德育		
★	北京四中8班的教育奇迹	9787515321608	36.
★	师德教育培训手册	9787515326627	29.
	打造优秀班级的15个秘密	9787515319117	28.
★	设计和管理最优班级实用手册	9787515317731	49.
★	好老师征服后进生的14堂课（珍藏版）（美国著名教师伊莉莎白“好老师”三部曲）	9787500693819	25.

书名	书号	定价
美国最优秀教师的自白（新版）（进入地方学校、教育机构教育用书征订目录）	9787500683001	26.00
优秀班主任的50条建议：师德教育感动读本（《中国教育报》专题推荐）	9787515305752	23.00
来自美国最优秀教师的建议（入选《中国教育报》“2010年影响教师的100本书”）	9787500694427	25.00
班主任一定要面对的9个问题（新版）	9787500672937	22.00
是什么让教师不断进步（升级版）（入选《中国教育报》“2011年影响教师的100本书”）	9787500672401	23.80
优秀教师一定读的60个故事（传达60种爱的教育方式）	9787500696285	25.00
学校管理/校长领导力		
如何定义、评估和改变学校文化	9787515340371	29.80
学校管理者如何构建卓越学校	9787515330754	28.00
从优秀学校到卓越学校：他们的校长在哪些方面做得更好	9787515325637	33.80
优秀校长一定要做的18件事（入选《中国教育报》“2009年影响教师的100本书”）	9787515342733	26.00
构建杰出学校的7个杠杆	9787515324319	39.00
美国获奖中小学校长的建议（新版）（美国教育界精英校长的经验分享）	9787500675211	29.90
如何调动和激励教师（增订版）（入选《中国教育报》2009年和2011年“影响教师的100本书”）	9787500673828	29.00
如何应对难缠的老师	9787515306315	25.00
给校长的127条建议（入选《中国教育报》2010年和2011年“影响教师的100本书”）	9787500694779	23.00
创新型学校：给学校管理者的9个策略（入选《中国教育报》2010年和2011年“影响教师的100本书”）	9787500693628	23.00
学科教学/教科研		
人大附中高考作文取胜之道	9787515320694	33.80
人大附中学生这样学语文：走近经典名著	9787515328959	33.80
让小学一年级孩子爱上阅读的40个方法	9787515307589	30.00
让学生爱上数学的48个游戏	9787515326207	26.00
优秀小学语文教师一定要知道的7件事（窦桂梅畅销作品）	9787500674139	23.80
小学语文课例研修的8个实践策略（附赠光盘）	9787515312064	33.00
考拉小巫的英语学习日记：写给为梦想而奋斗的人	9787515303505	25.00
如何成为尖子生（新版）（事半功倍的高效学习方法，3小时成为学习高手）	9787500668596	23.00
情商教育/心理咨询		
中小学心理教师的10项修炼	9787515309347	36.00
别和青春期的孩子较劲（增订版）（入选《中国教育报》“2009年影响教师的100本书”）	9787515343075	28.00
100条让孩子胜出的社交规则	9787515327648	28.00
加州大学伯克利分校的10堂幸福教养课	9787515303512	23.00
李淑敏心理咨询手记	9787500682127	25.00
幼儿园/学前教育		
幼儿园30个大主题活动精选：让工作更轻松的整合技巧	9787515339627	39.80
美国幼儿教育活动大百科：3-6岁儿童学习与发展指南用书·科学	9787515324265	150.00

	书名	书号	定价
★	美国幼儿教育活动大百科：3–6岁儿童学习与发展指南用书·艺术	9787515324289	150.0
★	美国幼儿教育活动大百科：3–6岁儿童学习与发展指南用书·健康与语言	9787515324296	150.0
★	美国幼儿教育活动大百科：3–6岁儿童学习与发展指南用书·社会	9787515324272	150.0
	蒙台梭利早期教育法：3–6岁儿童发展指南（理论版）	9787515322544	29.8
	蒙台梭利儿童教育手册：3–6岁儿童发展指南（实践版）	9787515307664	25.0
★	自由地学习：华德福的幼儿园教育	9787515328300	29.9
	你的水桶有多满（儿童版）	9787515342689	29.0
	赞美你：奥巴马给女儿的信	9787515303222	19.9
	教育主张/教育视野		
	如何发现孩子：实践蒙台梭利解放天性的趣味游戏	9787515325750	32.0
	如何学习：用更短的时间达到更佳效果和更好成绩	9787515334844	39.8
	教师和家长共同培养卓越学生的10个策略	9787515331355	27.0
★	如何阅读：一个已被证实的低投入高回报的学习方法	9787515342627	29.9
★	芬兰教育全球第一的秘密（珍藏版）(《中国教育报》等主流媒体专题推荐，台湾教育类畅销书榜第一名）	9787515342610	28.0
	世界最好的教育给父母和教师的45堂必修课（《芬兰教育全球第一的秘密》2）	9787515342696	28.0
★	杰出青少年的7个习惯（精英版）（中小学图书馆推荐书目、中国青少年必读书目）	9787515342672	39.0
★	杰出青少年的6个决定（领袖版）（中小学图书馆推荐书目、中国青少年必读书目、全国优秀出版物奖）	9787515342658	28.0
★	7个习惯教出优秀学生（全球第一畅销书《高效能人士的七个习惯》教师版）	9787515342573	29.0
	学习的科学：如何学习得更好更快（入选2016年中国教育网暑期推荐书目）	9787515341767	39.8
	杰出青少年构建内心世界的5个坐标（中国青少年成长公开课）	9787515314952	59.0
★	跳出教育的盒子（美国中小学教学经典畅销书）	9787515344676	35.0
	夏烈教授给高中生的19场讲座（入选《中国教育报》“2013年最受教师欢迎的100本书”）	9787515318813	29.9
★	学习之道：美国公认学习第一书	9787515342641	28.0
★	翻转学习：如何更好地实践翻转课堂与慕课教学（中国教育新闻网2015年度“影响教师的100本书”）	9787515334837	32.0
★	翻转课堂与慕课教学：一场正在到来的教育变革	9787515328232	26.0
★	奇迹学校：震撼美国教育界的教学传奇（中国教育新闻网2015年度“影响教师的100本书”）	9787515327044	36.0
★	学校是一段旅程：华德福教师1–8年级教学手记	9787515327945	32.0
★	高效能人士的七个习惯（25周年纪念版）（全球头号畅销书）	9787515326399	68.0
★	盖洛普优势识别器2.0：《现在，发现你的优势》升级版	9787515308036	199.0